CREER

CURRÍCULO PARA ADULTOS
GUÍA DE ESTUDIO

CREER

VIVIENDO LA HISTORIA DE LA BIBLIA
PARA SER COMO JESÚS

GUÍA DE ESTUDIO | TREINTA SESIONES

RANDY FRAZEE

CON RANDY LARSON

La misión de Editorial Vida es ser la compañía líder en satisfacer las necesidades de las personas con recursos cuyo contenido glorifique al Señor Jesucristo y promueva principios bíblicos.

GUÍA DE ESTUDIO CREER
Edición en español publicada por
Editorial Vida – 2015
Miami, Florida

©2015 por Randy Frazee
Este título también está disponible en formato electrónico.

Originally published in the USA under the title:
    Study Guide Believe
    Copyright ©2015 by Randy Frazee
Published by permission of Zondervan, Grand Rapids, Michigan 49546.
All rights reserved

Editora en Jefe: *Graciela Lelli*
Traducción: *Belmonte Traductores*
Adaptación del diseño al español: *Grupo Nivel Uno, Inc.*

IMPRESO EN ESTADOS UNIDOS DE AMÉRICA
PRINTED IN THE UNITED STATES OF AMERICA

ISBN: 978-0-8297-6636-3
15 16 17 18 RRD 10 9 8 7 6 5 4 3 2 1

Contenido

¿Cómo usar esta guía?

CONTENIDO Y SECUENCIA

La meta de cada seguidor de Jesucristo es llegar a ser más como él. Sin embargo, ¿sabes por dónde comenzar? ¿Qué significa realmente ser un discípulo de Jesús? El objetivo del plan de estudios *Creer* es proporcionar una imagen clara de lo que significa pensar, actuar y ser como Jesús. Esta guía de estudio (y el vídeo relacionado) te ayudará a evaluar tu vida espiritual, señalará las áreas que necesitan una atención especial, y te dará las herramientas para ayudarte a crecer. Las primeras diez sesiones se centran en las creencias básicas de la fe cristiana; las diez sesiones siguientes se centran en prácticas que constituyen el fundamento de la vida cristiana; y las diez últimas sesiones se centran en virtudes como las de Cristo. Que Dios te bendiga mientras lo buscas a través de esta experiencia.

BOSQUEJO DE LA SESIÓN

Cada una de las treinta sesiones se divide en tres partes. La primera es para tu estudio personal, a fin de ser completada antes de las reuniones con el grupo. En esta sección te pedirán leer un capítulo de *Creer* y anotar tus respuestas a las cinco preguntas contenidas dentro de la sesión. También te darán cuatro declaraciones para ayudarte a evaluar cómo tu vida se corresponde con la idea clave. Luego, serás desafiado a actuar al memorizar la idea clave y el versículo clave relacionado con cada sesión.

En la sección en grupo de esta guía de estudio se proporciona un bosquejo a fin de tomar notas que te ayuden a seguir las enseñanzas del vídeo de Randy Frazee. También tendrás la oportunidad de comentar tus respuestas a las cuatro declaraciones de la autoevaluación del estudio personal junto con otras preguntas de discusión. Luego, se presentarán escenarios de la vida real de personas que luchan con su fe. Usando las aplicaciones clave de esta guía del estudio, tu grupo será retado a pensar en algunas maneras de ayudar a las personas que protagonizan estos casos de estudio.

La última parte de cada sesión constituye un diario. Utiliza este espacio para tomar notas sobre el mensaje del maestro o el pastor, o a fin de escribir tus propios pensamientos acerca de la sesión.

Estudio personal

Esta sección te ayuda a conectarte de forma personal con las Escrituras de cada una de las sesiones de *Creer* y está designada para completarse antes de la reunión del grupo.

- **Lectura:** A fin de ayudarte a establecer una relación con el libro *Creer* mientras lees, cinco preguntas para la reflexión se incluyen en el texto de cada sesión. La guía de estudio proporciona espacios para que anotes tus respuestas a tales preguntas.
- **Evaluación:** Califícate con respecto a cuatro declaraciones de fe tomadas del Christian Life Profile® [Perfil de la vida cristiana]. Juntas, estas declaraciones de fe te ayudan a explicar los diferentes aspectos de la idea clave.
- **Paso de acción:** Trabaja en memorizar el versículo clave y la idea clave, y mantente preparado para recitarlos en tu reunión de grupo. Como una ayuda para aplicarlos a tu vida, responde las preguntas relacionadas con la idea clave.

Reunión de grupo

Esta sección facilitará un crecimiento más profundo que solo se puede encontrar en una comunidad espiritualmente rica.

- **Observación:** Las sesiones del grupo comenzarán con una enseñanza en vídeo corta de Randy Frazee que estimulará un diálogo significativo en tu grupo. En cada sesión él hará importantes comentarios relacionados con la idea clave y el versículo clave, así como algunas aplicaciones clave para la vida.

- **Discusión:** Cada sesión de la *Guía de estudio Creer* incluye preguntas de discusión destinadas tanto al veterano de largo tiempo como a la persona totalmente nueva en la fe cristiana. Se anima a los facilitadores del grupo a que escojan y elijan qué preguntas serían las mejores para que el grupo alcance la madurez.

- **Oración:** Las escrituras que se incluyen en *Creer* apuntan a la verdad de lo que significa pensar, actuar y ser como Jesús, pero es la oración la que nos da poder para llegar a convertirnos en aquellas personas que Jesús tenía la intención que fuéramos cuando nos creó. Cada sesión concluye con un tiempo de oración en grupo.

TAMAÑO DEL GRUPO

El plan de estudios en vídeo de treinta semanas *Creer* está diseñado para llevarse a cabo en un grupo al igual que un estudio bíblico, una clase de la escuela dominical o cualquier reunión de un grupo pequeño. A fin de asegurar que cada uno de los integrantes tenga suficiente tiempo para participar en las discusiones, se recomienda que los grupos grandes miren el vídeo juntos y después se dividan en grupos más pequeños de cuatro a seis personas para la discusión. Cada sesión puede durar alrededor de una hora.

MATERIALES NECESARIOS

Cada participante debe tener su propia guía, la cual incluye las notas para los segmentos en vídeo, las actividades de memorización y las preguntas de discusión, así como también un estudio personal para profundizar el aprendizaje entre las sesiones. Aunque el curso puede ser experimentado completamente justo con el vídeo y la guía de estudio, se anima a los participantes a que también tengan una copia del libro *Creer*. La lectura del libro junto con las sesiones en vídeo proporciona perspectivas aun más profundas que hacen la experiencia más rica y significativa.

FACILITACIÓN

Cada grupo debe designar a un facilitador que sea responsable de poner en marcha el vídeo y controlar el tiempo durante las discusiones y actividades. Los facilitadores pueden también leer las preguntas en voz alta y supervisar las discusiones, animando a los participantes a responder y asegurándose de que cada uno tenga la oportunidad de hablar. Algunas instrucciones más detalladas se proporcionan en la sección «Sugerencias para el grupo facilitador», que sigue a continuación.

A fin de asegurar el éxito de la experiencia en grupo, lee la información siguiente antes de comenzar.

¿QUÉ HACE QUE UN GRUPO DE DISCUSIÓN RESULTE EXITOSO?

Como facilitador de tu grupo, es posible que te preguntes: «¿Qué estoy supuesto a lograr con este estudio?». He aquí unas pocas metas que puedes establecer para tu grupo:

1. **Descubrir la verdad.** La Biblia revela la verdad acerca de quién es Dios y quiénes fuimos creados para ser. Un grupo exitoso estudia las Escrituras a fin de encontrar esas verdades.

2. **Aplicar la verdad.** No produce mucho bien conocer la verdad si no actuamos en correspondencia con lo que hemos aprendido. Un grupo exitoso intenta aplicar la verdad a sus vidas.

3. **Ser honestos y auténticos.** Muchas personas sienten la presión de comportarse de forma «espiritual» cuando se encuentran en un entorno religioso, ocultando sus pensamientos y sentimientos. Esta conducta impide el crecimiento espiritual. Los grupos exitosos promueven un lugar seguro donde puedan florecer la autenticidad y la honradez.

4. **Participar.** La persona que más habla es a menudo la que más aprende. Por lo tanto, los grupos que buscan incluir a todos en la conversación experimentan el mayor progreso. Los grupos exitosos hacen que todos sus miembros participen en las discusiones.

Al final de cada reunión de grupo, formúlate estas preguntas.

- ¿Aprendimos algo nuevo sobre Dios y nosotros mismos?
- ¿La gente está intentando activamente aplicar estas verdades a sus vidas?
- ¿Se sienten cómodos hablando con honestidad sobre su fe?
- ¿He logrado que todos los miembros del grupo participen en la discusión?

Si puedes contestar afirmativamente a algunas de estas preguntas, llevas a cabo tu tarea de facilitador con éxito.

LA CREACIÓN DE UN AMBIENTE EXITOSO

Dirigir a un grupo puede resultar abrumador, pero no tiene que serlo. Considera estos consejos para que te ayuden a crear un ambiente de grupo exitoso.

Ora: Mientras te preparas para tu reunión de grupo, pídele a Dios que te dé sabiduría a la hora de escoger las preguntas de discusión, valor para crear un ambiente auténtico y discernimiento en cuanto a las verdades que deseas revelarle a tu grupo.

Da el ejemplo: El grupo será tan honesto y auténtico como tú estés dispuesto a serlo. Valientemente, establece el tono para el grupo siendo franco en cuanto a las fortalezas y debilidades que experimentas en tu fe. El grupo seguirá tu ejemplo. Este principio también es válido en lo que respecta a la aplicación a la vida. Si estás tratando de aplicar la verdad de cada lección a tu vida, el resto del grupo te seguirá.

Sé puntual: Comienza y termina en tiempo. No importa cuánto duren las reuniones de tu grupo, tu trabajo es mantener las cosas en marcha. Planifica el tiempo para cada sección de estudio y ajústate a eso. Puede ser incómodo interrumpir a las personas y avanzar, pero el grupo te respetará si haces eso.

PECULIARIDADES DE ESTE ESTUDIO

Diseña tu propio proceso de discusión. No te sientas presionado a utilizar todos los materiales que se encuentran en esta guía del estudio, sino selecciona los modos de comprometerte con la lección que se correspondan mejor con el tiempo disponible y el estilo de aprendizaje de tu grupo. Este estudio fue escrito para un vasto conjunto de personalidades, estilos de aprendizaje y niveles de madurez espiritual. Escoge y elije las actividades y preguntas que parezcan encajar mejor con su grupo.

Tu grupo puede sentirse atraído a uno o dos segmentos de la discusión, pero a otros no, y eso está bien. Escoge una o dos preguntas de los segmentos con las que tu grupo se beneficie más. Intenta variar la discusión eligiendo algunas interrogantes que profundicen la teología de la fe y otras que sean más abiertas y estén destinadas a la reflexión personal. Anima a la gente a ofrecer sus percepciones derivadas de su estudio personal durante tu tiempo de discusión; incluso podrías añadir las preguntas del estudio personal como un segmento de apertura de tu tiempo de discusión en grupo.

El segmento de las «declaraciones» (el cual vuelve a tratar las preguntas de la evaluación del estudio personal) puede hacer surgir con frecuencia diferentes puntos de vista. Cuando los miembros del grupo no piensen exactamente de la misma forma, provéeles un lugar seguro para que conversen acerca de sus diferencias, hagan preguntas y expongan áreas de incredulidad con libertad y gracia.

Los casos de estudio de cada sesión se basan en situaciones reales. Úsalos como un vehículo creativo para discutir las aplicaciones del tema de la sesión a la vida real.

Dios

Estudio personal

Cada sesión en *Creer* contiene un estudio personal para ayudarte a establecer conexiones significativas entre tu vida y lo que estás aprendiendo cada semana. Dedica algún tiempo antes de la reunión de tu grupo cada semana a leer el capítulo asignado de *Creer* y completar el estudio personal semanal. En total, el estudio personal debería aproximadamente durar una hora. A algunas personas les gusta distribuir este tiempo, dedicándole al estudio unos diez a quince minutos al día. Otras deciden emplear un período de tiempo más extenso durante la semana para realizar todo el estudio personal de una sola vez. ¡No hay manera correcta o equivocada de hacer esto! Tan solo escoge un plan que se corresponda mejor con tus necesidades y prográmalo de semana en semana.

Esta semana, antes de la reunión de tu grupo, lee *Creer, sesión 1: Dios.* Después pasa algún tiempo permitiendo que las Escrituras se afiancen en tu corazón y reflexionando sobre lo que crees personalmente acerca de quién es Dios.

LECTURA

Lee Creer, sesión 1: Dios *y responde las siguientes preguntas.*

1. ¿De qué formas ves las cualidades invisibles de Dios reflejadas en la naturaleza?

2. ¿Cuáles son algunos de los requerimientos principales de Dios para su pueblo? ¿Por qué piensas que él hace énfasis en esas cosas?

3. ¿Por qué Dios tiene que probar una y otra vez que él es el único Dios verdadero?

4. ¿De qué maneras has experimentado a Dios como Padre? ¿Y como Jesús el Hijo? ¿Y como el Espíritu Santo?

5. ¿Qué significa la frase de Pablo: «Puesto que en él vivimos, nos movemos y existimos»? ¿Por qué piensas que fue necesario decirle esto a ese grupo de atenienses?

EVALUACIÓN

Basándote en tu lectura de Creer, *sesión 1: Dios, evalúa tu nivel de confianza en las afirmaciones siguientes utilizando una escala de 1–6 (1 = nada de confianza, 6 = certeza completa).*

_____ Creo que el Dios de la Biblia es el único Dios verdadero.

_____ Creo que el Dios de la Biblia es uno en esencia, pero distinto en persona: Padre, Hijo y Espíritu Santo.

_____ Creo que Jesús es Dios en la carne, quien murió y resucitó corporalmente de la muerte.

_____ Creo que el Espíritu Santo es Dios y habita en los cristianos a fin de capacitarlos para vivir la vida cristiana.

——PASO DE ACCIÓN——

Memorizar las Escrituras es una valiosa disciplina que todos los creyentes deben ejercitar. Dedica unos minutos cada día a aprender de memoria el versículo clave de esta semana.

VERSÍCULO CLAVE: «Que la gracia del Señor Jesucristo, el amor de Dios y la comunión del Espíritu Santo sean con todos ustedes» (2 Corintios 13.14).

Recita la idea clave de esta semana en voz alta. Mientras lo haces, formúlate la pregunta: «¿Refleja mi vida esta afirmación?».

IDEA CLAVE: Creo que el Dios de la Biblia es el único Dios verdadero: Padre, Hijo y Espíritu Santo.

Responde las siguientes preguntas para que te ayuden a aplicar la idea clave de esta semana a tu propia vida.

1. ¿Qué conductas te ayudan a reconocer a alguien que cree que el Dios de la Biblia es el único Dios verdadero?

2. ¿Qué (si es que hay algo) te obstaculiza para depositar sin reservas tu fe únicamente en el Dios de la Biblia?

3. ¿Qué puedes hacer esta semana para demostrar tu creencia en el único Dios verdadero?

Reunión de grupo

¡Bienvenida!

Bienvenido a la Sesión 1 de *Creer*. Si esta es la primera vez que se reúnen como grupo, dediquen un momento a presentarse los unos a los otros antes de ver el vídeo. ¡Luego siéntanse libres para comenzar!

── NOTAS DE LA ENSEÑANZA DEL VÍDEO ──

A medida que ves el segmento en vídeo para la Sesión 1, usa el siguiente bosquejo a fin de anotar algunos de los puntos principales. (Las respuestas se encuentran al final de la sesión.)

- A. W. Tozer escribió: «Lo que viene a nuestra mente cuando pensamos en Dios es lo más importante acerca de nosotros». ¿Por qué? Porque esa mentalidad, o la ausencia de ella, dirigirá todo lo que _____ y todo lo que _____.

- Pregunta clave: ¿Quién es _____?

- Romanos 1.20: «Porque desde la creación del mundo las cualidades invisibles de Dios, es decir, su eterno poder y su naturaleza divina, se perciben claramente a través de lo que él creó, de modo que nadie _____ _____».

- Idea clave: Creo que el Dios de la Biblia es el único _____ _____: Padre, Hijo y Espíritu Santo.

- Dios es tres personas que _____ un ser.

- Génesis 1.26–27: «Y dijo: "_____ al ser humano a nuestra imagen y semejanza...". Y Dios creó al ser humano a su imagen; lo creó a imagen de Dios. Hombre y mujer los creó».

- Uno de los mayores fracasos para la humanidad, comenzando con la caída de Adán y Eva, es cuando intentamos adoptar el papel de _____ en nuestra vida.

- (Aplicación clave) Porque Dios es Dios... yo ___ lo soy... Él está a _____ y tiene el control... Quiero conocer y seguir su _____ para mi vida.

- (Aplicación clave) Porque fui creado a imagen de Dios y para la comunidad... reconozco la _____ plena de los demás y respeto los límites... busco los derechos, preferencias y la _____ de los otros... _____ y disfruto a los demás.

PARA COMENZAR

Comienza tu discusión recitando el versículo clave y la idea clave juntos como grupo. En tu primer intento, usa tus notas si necesitas ayuda. En tu segundo intento, trata de decirlos completamente de memoria.

VERSÍCULO CLAVE: «Que la gracia del Señor Jesucristo, el amor de Dios y la comunión del Espíritu Santo sean con todos ustedes» (2 Corintios 13.14).

IDEA CLAVE: Creo que el Dios de la Biblia es el único Dios verdadero: Padre, Hijo y Espíritu Santo.

DISCUSIÓN DE GRUPO

Como grupo, hablen de sus pensamientos y sentimientos acerca de las siguientes declaraciones. ¿Qué afirmaciones son fáciles de enunciar con certeza? ¿Cuáles son más desafiantes y por qué?

- Creo que el Dios de la Biblia es el único Dios verdadero.
- Creo que el Dios de la Biblia es uno en esencia, pero distinto en persona: Padre, Hijo y Espíritu Santo.
- Creo que Jesús es Dios en la carne, quien murió y resucitó corporalmente de la muerte.
- Creo que el Espíritu Santo es Dios y habita en los cristianos a fin de capacitarlos para vivir la vida cristiana.

Basándote en la dinámica de tu grupo y su madurez espiritual, elige las 2–3 preguntas que conducirán a la mejor discusión acerca de la idea clave de esta semana.

1. Si solamente tuvieras dos minutos para responder la pregunta «¿Quién es Dios?», ¿cómo lo harías?

2. ¿Cómo influencia tu comprensión de Dios las decisiones que tomas día a día?

3. ¿Cuáles son las razones más comunes con las que las personas batallan para creer que el Dios de la Biblia es el único Dios verdadero? ¿Qué te ayudó a dejar atrás esos obstáculos? ¿O qué obstáculos enfrentas aún?

Lee Lucas 3 (ver la sección «Dios en tres personas: Padre, Hijo y Espíritu Santo» en Creer y escoge 1–2 preguntas que conducirán a la mejor discusión en tu grupo.

1. ¿En qué aspectos es la Trinidad un concepto difícil de comprender?

2. Si Dios (la Trinidad) es una comunidad dentro de sí, y nosotros somos creados a su imagen, ¿qué nos dice eso sobre nosotros mismos?

3. ¿Cómo nos ayuda u obstaculiza la cultura actual a fin de experimentar la comunidad para la cual fuimos creados?

4. ¿Qué acciones específicas puede emprender este grupo para crear una comunidad saludable?

CASO DE ESTUDIO

Usa el siguiente caso de estudio como modelo para una situación de la vida real en la que pudieras poner en práctica la idea clave de esta semana.

Mike es uno de tus compañeros de trabajo favoritos. Es divertido, trabajador y se muestra apasionado con la vida. Como nuevo cristiano, acude a ti buscando ayuda, porque él y su esposa están batallando. Constantemente tienen confrontaciones, discuten, y sencillamente no se llevan bien. Mike piensa que es más fácil solo alejarse, pero en realidad quiere saber lo que tú piensas.

Usando las aplicaciones clave de esta sesión, ¿qué amable consejo le darías? (Si es necesario, consulta tus notas del vídeo para recordar las aplicaciones clave de esta sesión.)

ORACIÓN FINAL

Concluyan el tiempo juntos con oración. Compartan sus peticiones de oración unos con otros. Pídele a Dios que los ayude a poner en práctica la idea clave de esta semana.

DIARIO

Si tu iglesia está realizando la campaña *Creer* a nivel general, lleva contigo esta guía de estudio a la iglesia y utiliza el siguiente espacio para tomar notas sobre el mensaje del pastor o el maestro. Si tu iglesia proporciona un bosquejo, piensa en guardarlo con esta guía para así tener todas tus notas y pensamientos del diario *Creer* en un solo lugar.

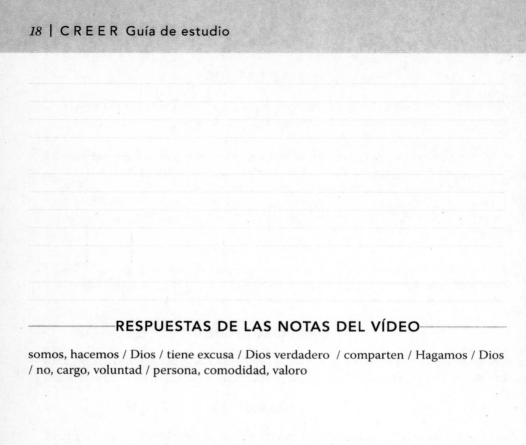

─────────────**RESPUESTAS DE LAS NOTAS DEL VÍDEO**─────────────

somos, hacemos / Dios / tiene excusa / Dios verdadero / comparten / Hagamos / Dios / no, cargo, voluntad / persona, comodidad, valoro

Dios personal

Estudio personal

La última semana examinaste tus creencias sobre quién es Dios. Quizá aprendiste algo sobre Dios o acerca de ti mismo que antes no sabías. ¡Eso es estupendo! Esta semana, antes de la reunión de tu grupo, lee *Creer, sesión 2: Dios personal*. Después, pasa algún tiempo permitiendo que las Escrituras se afiancen en tu corazón y evaluando tus sentimientos acerca de cómo participa Dios en tu vida diaria.

LECTURA

Lee Creer, sesión 2: Dios personal *y responde las siguientes preguntas.*

1. Mientras lees el pasaje de Génesis 16, busca algunas formas en las cuales Dios le mostró su bondad a Abraham, Sara y Agar. ¿Qué impacto tuvo esto sobre ellos?

2. ¿Cómo has experimentado el conocimiento personal que Dios tiene de ti? ¿Cuándo has sabido que él estaba buscando tu corazón? ¿Cuál fue el resultado?

3. ¿Cómo Dios les mostró a los cautivos en Babilonia que aún cuidaba de ellos y se preocupaba por sus vidas?

4. ¿Por qué Jesús quería que dejáramos de preocuparnos? ¿De qué forma ser libres de la preocupación demuestra nuestra confianza en la provisión y el cuidado de Dios?

5. Mientras lees el pasaje de Santiago 1, pregúntate cómo Dios muestra su cuidado y preocupación por nosotros cuando atravesamos temporadas difíciles en la vida.

EVALUACIÓN

Basándote en tu lectura de Creer, sesión 2: Dios personal, evalúa tu nivel de confianza en las afirmaciones siguientes utilizando una escala de 1–6 (1 = nada de confianza, 6 = certeza completa).

_____ Creo que Dios tiene un propósito para mi vida.

_____ Creo que el dolor y el sufrimiento a menudo pueden acercarme a Dios.

_____ Creo que Dios participa activamente en mi vida.

_____ Creo que Dios me capacita para hacer cosas que de otro modo no podría hacer o no haría.

PASO DE ACCIÓN

Memorizar las Escrituras es una valiosa disciplina que todos los creyentes deben ejercitar. Dedica unos minutos cada día a aprender de memoria el versículo clave de esta semana.

VERSÍCULO CLAVE: «A las montañas levanto mis ojos; ¿de dónde ha de venir mi ayuda? Mi ayuda proviene del SEÑOR, creador del cielo y de la tierra» (Salmos 121.1–2).

Recita la idea clave de esta semana en voz alta. Mientras lo haces, formúlate la pregunta: «¿Refleja mi vida esta afirmación?».

IDEA CLAVE: Creo que Dios está involucrado en mi vida cotidiana y se interesa por ella.

Responde las siguientes preguntas para que te ayuden a aplicar la idea clave de esta semana a tu propia vida.

1. ¿Cómo se expresaría en tu vida esta creencia en acción?

2. ¿Qué atributos visibles pueden encontrarse en alguien que está personalmente relacionado con Dios?

3. ¿Qué está impidiendo tu habilidad para experimentar a Dios de una manera personal? ¿Cómo puedes vencer esos obstáculos?

4. ¿Qué pasos de acción puedes dar esta semana para aumentar tu conciencia de la participación de Dios en tu vida cotidiana?

Reunión de grupo

¡Bienvenida!

Bienvenido a la Sesión 2 de *Creer*. Si hay miembros nuevos en el grupo, dediquen un momento a presentarse los unos a los otros. Luego pasen algunos minutos compartiendo opiniones o preguntas acerca del estudio personal de esta sesión. ¡Ahora comienza el vídeo!

NOTAS DE LA ENSEÑANZA DEL VÍDEO

A medida que ves el segmento en vídeo para la Sesión 2, usa el siguiente bosquejo a fin de anotar algunos de los puntos principales. (Las respuestas se encuentran al final de la sesión.)

- Pregunta clave: ¿Se _____ Dios por mí?

- «El SEÑOR es mi pastor, nada me falta; en verdes pastos me _____ descansar. Junto a tranquilas aguas me _____; me _____ nuevas fuerzas. Me _____ por sendas de justicia por amor a su nombre. Aun si voy por valles tenebrosos, no temo peligro alguno porque tú estás a mi _____; tu vara de pastor me _____. _____ ante mí un banquete en presencia de mis enemigos. Has _____ con perfume mi cabeza; has llenado mi copa a rebosar. La bondad y el amor me seguirán todos los días de mi vida; y en la casa del SEÑOR habitaré para siempre» (Salmos 23).

- Idea clave: Creo que Dios se _____ en mi vida cotidiana y se _____ por ella.

- (Aplicación clave) Sé _____ de algo: los caminos de Dios son más altos que mis caminos.

- (Aplicación clave) No te _____: Dios, que controla la naturaleza y la historia, se interesa por mí.

- (Aplicación clave) Siéntete _____: Dios está llevando a cabo su buen plan para mi vida.

PARA COMENZAR

Comienza tu discusión recitando el versículo clave y la idea clave juntos como grupo. En tu primer intento, usa tus notas si necesitas ayuda. En tu segundo intento, trata de decirlos completamente de memoria.

VERSÍCULO CLAVE: «A las montañas levanto mis ojos; ¿de dónde ha de venir mi ayuda? Mi ayuda proviene del SEÑOR, creador del cielo y de la tierra» (Salmos 121.1–2).

IDEA CLAVE: Creo que Dios se involucra en mi vida cotidiana y se interesa por ella.

DISCUSIÓN DE GRUPO

Como grupo, hablen de sus pensamientos y sentimientos acerca de las siguientes declaraciones. ¿Qué afirmaciones son fáciles de enunciar con certeza? ¿Cuáles son más desafiantes y por qué?

- Creo que Dios tiene un propósito para mi vida.
- Creo que el dolor y el sufrimiento pueden a menudo acercarme a Dios.
- Creo que Dios participa activamente en mi vida.
- Creo que Dios me capacita para hacer cosas que de otro modo no podría hacer o no haría.

Basándote en la dinámica de tu grupo y su madurez espiritual, elige las 2–3 preguntas que conducirán a la mejor discusión acerca de la idea clave de esta semana.

1. ¿Te has preguntado alguna vez si Dios se interesa por ti? Si lo has hecho, ¿qué experiencia o pensamientos te ayudaron a formular tu respuesta?

2. Describe las maneras específicas en que experimentas a Dios en tu vida cotidiana.

3. ¿Qué actividades o disciplinas aumentan tu conciencia de la actividad de Dios en tu vida?

Lee Salmos 123 (ver la sección «Dios es bueno» en Creer) y escoge 1–2 preguntas que conducirán a la mejor discusión en tu grupo.

1. Salmos 23 describe a Dios como un buen pastor que guía, conduce, alienta, reconforta, alimenta y unge a sus ovejas. ¿Qué acción describe mejor tu relación con él?

2. ¿De qué modo ser libres de la preocupación demuestra confianza en la habilidad de Dios para proveer y cuidar de nosotros?

3. ¿Por qué es desafiante confiar en que los caminos de Dios son más altos que nuestros caminos? ¿Cómo podemos vencer esos obstáculos?

4. ¿Qué pensamientos y emociones vienen a tu mente cuando piensas en el hecho de que Dios tiene un buen plan para tu vida?

CASO DE ESTUDIO

Usa el siguiente caso de estudio como modelo para una situación de la vida real en la que pudieras poner en práctica la idea clave de esta semana.

Jimena ha sido parte de la comunidad de una iglesia por tanto tiempo como puede recordar. Secretamente, ha batallado con dudas acerca de la voluntad de Dios para su vida. En un momento de autenticidad, confiesa que tiene temor a no casarse nunca o no tener una familia propia. Sus preguntas pueden resumirse del siguiente modo:

1. ¿Cómo puedo estar segura de que la voluntad de Dios para mí es buena?
2. ¿Por qué el Dios del universo se interesaría por los detalles de mi vida?

Usando las aplicaciones clave de esta sesión, ¿qué podrías decir o hacer para ayudar a Jimena a encontrar las respuestas a sus preguntas? (Si es necesario, consulta tus notas del vídeo para recordar las aplicaciones clave de esta sesión.)

ORACIÓN FINAL

Concluyan el tiempo juntos con oración. Compartan sus peticiones de oración unos con otros. Pídele a Dios que los ayude a poner en práctica la idea clave de esta semana.

DIARIO

Si tu iglesia está realizando la campaña *Creer* a nivel general, lleva contigo esta guía de estudio a la iglesia y utiliza el siguiente espacio para tomar notas sobre el mensaje del pastor o el maestro. Si tu iglesia proporciona un bosquejo, piensa en guardarlo con esta guía para así tener todas tus notas y pensamientos del diario *Creer* en un solo lugar.

RESPUESTAS DE LAS NOTAS DEL VÍDEO

interesa / hace, conduce, infunde, guía, lado, reconforta, dispones, ungido / involucra, interesa / consciente / preocupes / emocionado

Salvación

Estudio personal

La semana pasada le diste un vistazo a tus creencias sobre el modo en que Dios se involucra en tu vida cotidiana. Quizá pudiste reflexionar en cómo Dios realmente se interesa por tus actividades diarias. Quizá pudiste ver cómo Dios ha estado obrando en tu vida, incluso en los momentos difíciles. Esta semana, antes de la reunión de tu grupo, lee *Creer, sesión 3: Salvación*. Después, pasa algún tiempo permitiendo que las Escrituras se afiancen en tu corazón y considerando lo que significa para ti la salvación por medio de Jesús.

LECTURA

Lee *Creer, sesión 3: Salvación y responde las siguientes preguntas.*

1. ¿Cómo podrías describir la vida de Adán y Eva en el jardín con Dios antes de que lo desobedecieran?

2. ¿Cuáles son las similitudes entre el cordero sacrificado y el sacrificio de Jesús? ¿Qué tipo de «Pascua» ha provocado la aplicación de la sangre de Jesús a nuestras vidas?

3. Rememorando los detalles acerca de los días que Jesús pasó en la tierra, busca similitudes entre ese tiempo y la profecía de Isaías sobre el «siervo sufriente».

4. ¿Por qué es importante tanto creer en nuestro corazón como confesar con nuestra boca que Jesús es el Señor?

5. ¿Puedes señalar un instante o una secuencia de momentos en el tiempo en los que fuiste conciente de que Cristo murió por ti? ¿Cómo podrías describir ese proceso?

EVALUACIÓN

Basándote en tu lectura de Creer, *sesión 3: Salvación, evalúa tu nivel de confianza en las afirmaciones siguientes utilizando una escala de 1–6 (1 = nada de confianza, 6 = certeza completa).*

_____ Creo que heredaré la vida eterna debido a lo que Jesús ha hecho por mí.

_____ Creo que nada de lo que hago o he hecho puede hacerme ganar mi salvación.

_____ Creo que la salvación viene solamente mediante Jesús.

_____ Creo que las personas son salvas debido a lo que Jesús hizo, no debido a lo que ellas hacen.

PASO DE ACCIÓN

Memorizar las Escrituras es una valiosa disciplina que todos los creyentes deben ejercitar. Dedica unos minutos cada día a aprender de memoria el versículo clave de esta semana.

VERSÍCULO CLAVE: «Porque por gracia ustedes han sido salvados mediante la fe; esto no procede de ustedes, sino que es el regalo de Dios, no por obras, para que nadie se jacte» (Efesios 2.8–9).

Recita la idea clave de esta semana en voz alta. Mientras lo haces, formúlate la pregunta: «¿Refleja mi vida esta afirmación?».

IDEA CLAVE: Creo que una persona obtiene una buena relación con Dios por la gracia divina mediante la fe en Jesucristo.

Responde las siguientes preguntas para que te ayuden a aplicar la idea clave de esta semana a tu propia vida.

1. ¿Cómo se expresaría en tu vida esta creencia en acción?

2. ¿Qué atributos visibles pueden encontrarse en alguien que haya recibido el regalo de la salvación?

3. Si no has confesado con tu boca que Jesús es el Señor y creído en tu corazón que ha resucitado de la muerte, ¿qué te está impidiendo hacerlo?

4. ¿Hay alguien en tu vida que necesite saber sobre la salvación por gracia mediante la fe en Jesús? ¿Qué te está deteniendo de mantener esa conversación?

Reunión de grupo

¡Bienvenida!

Bienvenido a la Sesión 3 de *Creer*. Si hay miembros nuevos en el grupo, dediquen un momento a presentarse los unos a los otros. Luego pasen algunos minutos compartiendo opiniones o preguntas acerca del estudio personal de esta sesión. ¡Ahora comienza el vídeo!

——NOTAS DE LA ENSEÑANZA DEL VÍDEO——

A medida que ves el segmento en vídeo para la Sesión 3, usa el siguiente bosquejo a fin de anotar algunos de los puntos principales. (Las respuestas se encuentran al final de la sesión.)

- Pregunta clave: ¿Cómo obtengo una _____ con Dios?

- _____ se encuentra en Jesús.

- Jesús ha hecho posible que seamos _____ de nuestros pecados y tengamos una relación con Dios. ¿Cuál es nuestra parte? ¿Cómo nos apropiamos de esta _____ oferta?

- Versículo clave: «Porque por _____ ustedes han sido salvados mediante _____; esto no procede de ustedes, sino que es el regalo de Dios, no por obras, para que nadie se jacte» (Efesios 2.8–9).

- Para que el sacrificio de Cristo sea aplicado a nosotros individualmente, debemos extendernos y _____ por fe.

- Esta es la única manera de _____ la decisión de Adán y restablecer una relación correcta con Dios.

- (Aplicación clave) Sin importar qué _____ enfrente en esta vida, palidecen en comparación con mi salvación por la eternidad.

- (Aplicación clave) Necesito caminar en _____ y _____ gracia a otros.

PARA COMENZAR

Comienza tu discusión recitando el versículo clave y la idea clave juntos como grupo. En tu primer intento, usa tus notas si necesitas ayuda. En tu segundo intento, trata de decirlos completamente de memoria.

VERSÍCULO CLAVE: «Porque por gracia ustedes han sido salvados mediante la fe; esto no procede de ustedes, sino que es el regalo de Dios, no por obras, para que nadie se jacte» (Efesios 2.8–9).

IDEA CLAVE: Creo que una persona obtiene una buena relación con Dios por la gracia divina mediante la fe en Jesucristo.

DISCUSIÓN DE GRUPO

Como grupo, hablen de sus pensamientos y sentimientos acerca de las siguientes declaraciones. ¿Qué afirmaciones son fáciles de enunciar con certeza? ¿Cuáles son más desafiantes y por qué?

- Creo que heredaré la vida eterna debido a lo que Jesús ha hecho por mí.
- Creo que nada de lo que hago o haya hecho puede hacerme ganar mi salvación.
- Creo que la salvación viene solamente por medio de Jesús.
- Creo que las personas son salvas debido a lo que Jesús hizo, no debido a lo que ellas hacen.

Basándote en la dinámica de tu grupo y su madurez espiritual, elige las 2–3 preguntas que conducirán a la mejor discusión acerca de la idea clave de esta semana.

1. ¿Cómo definirías la palabra «gracia»? ¿Qué es lo contrario a la gracia?

2. ¿Cómo sería concretamente para nosotros ofrecerle gracia a personas que no la merecen, como Dios hizo por nosotros?

3. Sin dar nombres, ¿quién es alguien en tu vida que no merece tu amor y bondad, pero a quien se los ofreces de todos modos?

4. A muchas personas les resulta difícil recibir algo que no se merecieron. Hablen de cómo esta conducta podría obstaculizar el crecimiento espiritual de alguien.

Lee Génesis 3 y Romanos 5.12–2 (ver las secciones «El problema» y «El resultado» en Creer) y escoge 1–2 preguntas que conducirán a la mejor discusión en tu grupo.

1. ¿Cómo afectó a toda la humanidad la decisión de Adán y Eva de desobedecer a Dios?

2. ¿Cómo revirtieron las decisiones de Jesús el efecto del pecado de Adán y Eva en nuestras vidas?

3. ¿Qué te dicen estas escrituras sobre el carácter de Dios y sus sentimientos hacia ti y toda la humanidad?

CASO DE ESTUDIO

Usa el siguiente caso de estudio como modelo para una situación de la vida real en la que pudieras poner en práctica la idea clave de esta semana.

Rocky es un hombre entre los hombres. Parece que no hay nada que él no pueda arreglar. Pasa más tiempo en su garaje que en su propia casa. Afortunadamente, él es tu vecino. Así que cuando se te rompe algo, él siempre está dispuesto a echarte una mano. Un día en un momento de autenticidad te confiesa que nunca ha llegado a entender a Dios y la religión, pero sabe que los necesita. Sin embargo, teme que sus errores del pasado lo hayan descalificado para ser alguna vez lo que él denomina «una persona religiosa».

Usando las aplicaciones clave de esta sesión, respondan las preguntas siguientes como grupo. (Si es necesario, consulta tus notas del vídeo para recordar las aplicaciones clave de esta sesión.)

1. ¿Cómo puedes ayudar a Rocky a comenzar una relación con Dios?

2. ¿Qué ideas erróneas tiene Rocky sobre el carácter de Dios y cómo puedes indicarle la verdad?

3. ¿De qué maneras puedes identificarte con Rocky?

ORACIÓN FINAL

Concluyan el tiempo juntos con oración. Compartan sus peticiones de oración unos con otros. Pídele a Dios que los ayude a poner en práctica la idea clave de esta semana.

DIARIO

Si tu iglesia está realizando la campaña *Creer* a nivel general, lleva contigo esta guía de estudio a la iglesia y utiliza el siguiente espacio para tomar notas sobre el mensaje del pastor o el maestro. Si tu iglesia proporciona un bosquejo, piensa en guardarlo con esta guía para así tener todas tus notas y pensamientos del diario *Creer* en un solo lugar.

RESPUESTAS DE LAS NOTAS DEL VÍDEO

relación / La salvación / perdonados, transformadora / gracia, la fe / recibirlo / revertir problemas / gracia, ofrecerles

La Biblia

Estudio personal

La semana pasada examinaste tus creencias acerca de la salvación. ¿Aprendiste algo nuevo sobre ti mismo? ¿Sobre Dios? Quizá has sido cristiano por mucho tiempo y estás descubriendo cosas nuevas acerca de lo que crees. Quizá eres nuevo en la fe o simplemente estás explorando lo que significa ser cristiano. Si es así, siéntete libre para hacer preguntas y contactar con tu líder de grupo o pastor a fin de obtener ayuda. Esta semana antes de la reunión de tu grupo, lee *Creer, sesión 4: La Biblia*. Luego, pasa algún tiempo orando, pidiéndole a Dios que te ayude a reconocer el tremendo valor de su Palabra.

—LECTURA—

Lee Creer, sesión 4: La Biblia *y responde las siguientes preguntas.*

1. ¿Qué podemos aprender sobre el carácter de Dios a partir de la historia de Moisés y la zarza ardiente? ¿Cómo reaccionó Moisés ante esta comunicación directa de Dios? ¿Cómo responderías tú en una situación similar?

2. ¿De qué forma Jesús ayudó a sus discípulos a entender quién él era y por qué había venido?

3. Mientras lees el pasaje 2 Pedro 1, piensa en cómo Dios a través de las Escrituras presenta un caso a favor de la identidad y el propósito de Jesús.

4. ¿Son los Diez Mandamientos tan importantes hoy como lo fueron cuando Moisés se los entregó a los israelitas? ¿De qué formas?

5. ¿De qué maneras has identificado la Palabra de Dios como «viva y poderosa» en tu propia vida espiritual?

EVALUACIÓN

Basándote en tu lectura de Creer, *sesión 4: La Biblia, evalúa tu nivel de confianza en las afirmaciones siguientes utilizando una escala de 1–6 (1 = nada de confianza, 6 = certeza completa).*

_____ Creo que la Biblia es absolutamente verdad en cuestiones de fe y moral.

_____ Creo que las palabras de la Biblia son palabras de Dios.

_____ Creo que la Biblia tiene autoridad decisiva sobre lo que digo y hago.

_____ Creo que la Biblia es relevante para abordar las necesidades de la cultura contemporánea.

PASO DE ACCIÓN

Memorizar las Escrituras es una valiosa disciplina que todos los creyentes deben ejercitar. Dedica unos minutos cada día a aprender de memoria el versículo clave de esta semana.

VERSÍCULO CLAVE: «Toda la Escritura es inspirada por Dios y útil para enseñar, para reprender, para corregir y para instruir en la justicia, a fin de que el siervo de Dios esté enteramente capacitado para toda buena obra» (2 Timoteo 3.16–17).

Recita la idea clave de esta semana en voz alta. Mientras lo haces, formúlate la pregunta: «¿Refleja mi vida esta afirmación?».

IDEA CLAVE: Creo que la Biblia es la Palabra de Dios inspirada y tiene derecho a dictar mi creencia y conducta.

Responde las siguientes preguntas para que te ayuden a aplicar la idea clave de esta semana a tu propia vida.

1. ¿Cómo se expresaría en tu vida esta creencia en acción?

2. ¿Qué atributos visibles pueden encontrarse en alguien que conoce y es dirigido por la Palabra de Dios?

3. Si tienes reservas sobre la confiabilidad y/o autoridad de las Escrituras, ¿cuál es tu plan para encontrar respuestas a tus preguntas?

4. ¿Qué plan de lectura o recurso puedes implementar para profundizar tu comprensión de la Palabra de Dios?

5. ¿Cuáles son algunas maneras en que puedes filtrar tus pensamientos y acciones a través de la verdad de la Palabra de Dios?

Reunión de grupo

¡Bienvenida!

Bienvenido a la Sesión 4 de *Creer*. Si hay miembros nuevos en el grupo, dediquen un momento a presentarse los unos a los otros. Luego pasen algunos minutos compartiendo opiniones o preguntas acerca del estudio personal de esta sesión. ¡Ahora comienza el vídeo!

NOTAS DE LA ENSEÑANZA DEL VÍDEO

A medida que ves el segmento en vídeo para la Sesión 4, usa el siguiente bosquejo a fin de anotar algunos de los puntos principales. (Las respuestas se encuentran al final de la sesión.)

- Pregunta clave: ¿Cómo nos _____ Dios a sí mismo y su verdad?

- Idea clave: Creo que la Biblia es la Palabra de Dios inspirada y tiene derecho a _____ mi creencia y conducta.

- Versículo clave: «Toda la Escritura es inspirada por Dios y útil para _____, para _____, para _____ y para_____ en la justicia, a fin de que el siervo de Dios esté enteramente capacitado para toda buena obra» (2 Timoteo 3.16-17).

- El salmista escribe: «Tu palabra es una _____ a mis pies; es una _____ a mi sendero» (Salmos 119.105).

- (Aplicación clave) La Biblia es el _____ con el que veo el mundo.

- (Aplicación clave) Estoy motivado a estudiar la Biblia a fin de _____ la voluntad de Dios para mi vida.

- (Aplicación clave) Los principios en la Biblia deben _____ mi vida, incluso cuando no entienda plenamente o no me guste lo que enseña.

PARA COMENZAR

Comienza tu discusión recitando el versículo clave y la idea clave juntos como grupo. En tu primer intento, usa tus notas si necesitas ayuda. En tu segundo intento, trata de decirlos completamente de memoria.

VERSÍCULO CLAVE: «Toda la Escritura es inspirada por Dios y útil para enseñar, para reprender, para corregir y para instruir en la justicia, a fin de que el siervo de Dios esté enteramente capacitado para toda buena obra» (2 Timoteo 3.16-17).

IDEA CLAVE: Creo que la Biblia es la Palabra de Dios inspirada y tiene derecho a dictar mi creencia y conducta.

DISCUSIÓN DE GRUPO

Como grupo, hablen de sus pensamientos y sentimientos acerca de las siguientes declaraciones. ¿Qué afirmaciones son fáciles de enunciar con certeza? ¿Cuáles son más desafiantes y por qué?

- Creo que la Biblia es absolutamente verdad en cuestiones de fe y moral.
- Creo que las palabras de la Biblia son palabras de Dios.
- Creo que la Biblia tiene autoridad decisiva sobre lo que digo y hago.
- Creo que la Biblia es relevante para abordar las necesidades de la cultura contemporánea.

Basándote en la dinámica de tu grupo y su madurez espiritual, elige las 2–3 preguntas que conducirán a la mejor discusión acerca de la idea clave de esta semana.

1. ¿De qué maneras puede la Biblia informar y gobernar tu toma de decisiones en las áreas de los negocios, la vida familiar, las amistades y la recreación?

2. ¿De qué formas has visto que la Biblia es especialmente útil para enseñar, reprender, corregir e instruir?

3. ¿Cómo ha cambiado la Escritura el modo en que ves el mundo?

4. Muchas personas se ven abrumadas por la Biblia, pero no tiene que ser de ese modo. Si tienes cualquier obstáculo que se interponga en el camino de la lectura y la comprensión de la Palabra de Dios, confiésalo sinceramente. Después, pasen algún tiempo como grupo hablando de algunas maneras de vencer esos desafíos.

Lee Éxodo 20.1–21 (ver la sección «La autoridad de las Escrituras» en Creer) *y escoge 1–2 preguntas que conducirán a la mejor discusión en tu grupo.*

1. ¿Cómo revelan los Diez Mandamientos lo que es más importante para Dios?

2. ¿Cómo sería diferente el mundo si toda la humanidad estuviera guiada por la Palabra de Dios?

3. Hablen de maneras en que la Biblia ha aclarado ideas erróneas que tenían acerca del carácter de Dios.

4. ¿Cómo te ha dado la Biblia un mejor entendimiento de quién eres y cuál es tu propósito en este mundo?

CASO DE ESTUDIO

Usa el siguiente caso de estudio como modelo para una situación de la vida real en la que pudieras poner en práctica la idea clave de esta semana.

Susana es una estudiante universitaria que asiste a tu grupo de estudio bíblico, el cual se reúne en la cafetería local las mañanas de los jueves. Cuando el grupo habla de peticiones de oración, Susana expresa su necesidad de sabiduría para balancear su ocupado horario. En los próximos siete días, ella tiene que estudiar para los exámenes finales, escribir un trabajo de investigación, y trabajar cuatro turnos en la biblioteca de la universidad.

Unos días después, la llamas para ver cómo está. Sigue sonando estresada, pero te agradece la llamada. Le preguntas: «¿Crees que serás capaz de hacerlo todo?». «Sí, ya he hecho algunos exámenes que fueron bien, pero me queda uno que es realmente importante. Si no lo hago bien, tendré que tomar la clase de nuevo el próximo semestre, así que estoy pensando en utilizar uno de los trabajos de investigación del año pasado de mi compañera de cuarto. Cambiaré un poco las palabras para que parezca que lo he escrito yo, pero me dará más tiempo a fin de estudiar para mi examen. Sé que es un poco deshonesto, pero no veo ninguna otra manera de lograr hacerlo todo».

Usando las aplicaciones clave de esta sesión, ¿qué podrías decir o hacer para ayudar a Susana a ver la importancia de actuar de forma correcta? (Si es necesario, consulta tus notas del vídeo para recordar las aplicaciones clave de esta sesión.)

ORACIÓN FINAL

Concluyan el tiempo juntos con oración. Compartan sus peticiones de oración unos con otros. Pídele a Dios que los ayude a poner en práctica la idea clave de esta semana.

DIARIO

Si tu iglesia está realizando la campaña *Creer* a nivel general, lleva contigo esta guía de estudio a la iglesia y utiliza el siguiente espacio para tomar notas sobre el mensaje del pastor o el maestro. Si tu iglesia proporciona un bosquejo, piensa en guardarlo con esta guía para así tener todas tus notas y pensamientos del diario *Creer* en un solo lugar.

RESPUESTAS DE LAS NOTAS DEL VÍDEO

revela / dictar / enseñar, reprender, corregir, instruir / lámpara, luz / lente / entender / gobernar

Identidad en Cristo

Estudio personal

La pasada semana consideraste tus creencias acerca de la Biblia. ¿Aprendiste algo nuevo con respecto a la importancia de la Palabra de Dios en tu vida? Quizá incluso sentiste un nuevo amor por la lectura de la Biblia. ¡Eso es estupendo! Esta semana, antes de la reunión de tu grupo, lee *Creer, sesión 5: Identidad en Cristo*. Después, pasa algún tiempo permitiendo que las Escrituras se afiancen en tu corazón y reflexionando en tus pensamientos sobre quién eres como persona.

LECTURA

Lee Creer, sesión 5: Identidad en Cristo *y responde las siguientes preguntas.*

1. Dios les dio a Abraham y Sara nuevos nombres a fin de que representaran sus nuevas identidades y su pacto con el Señor. Mirando hacia atrás en el tiempo al momento en que primeramente te encontraste con Dios, ¿cuál podría ser tu nuevo nombre si pudieras escoger uno?

2. ¿Cuáles son los aspectos principales del nuevo pacto de Dios? ¿Qué efecto tiene el nuevo pacto en nuestra identidad?

3. Mientras lees el pasaje de Hebreos 10, compara y contrasta los sacrificios hechos para cumplir los requerimientos del viejo pacto con el sacrificio de Jesús que selló el nuevo pacto.

4. Mientras lees Romanos 8.1–25, busca qué Dios le da a aquellos que encuentran su identidad en Jesucristo.

5. Usando el mismo pasaje, lista todas las frases que hablan de nuestra nueva identidad en Cristo.

EVALUACIÓN

Basándote en tu lectura de Creer, *sesión 5: Identidad en Cristo,* *evalúa tu nivel de confianza en las afirmaciones siguientes utilizando una escala de 1–6 (1 = nada de confianza, 6 = certeza completa).*

_____ Creo que Dios me ama; por lo tanto, mi vida tiene valor.

_____ Existo para conocer, amar y servir a Dios.

_____ Creo que Dios me ama incluso cuando no lo obedezco.

_____ Creo que Dios me perdona y acepta.

PASO DE ACCIÓN

Memorizar las Escrituras es una valiosa disciplina que todos los creyentes deben ejercitar. Dedica unos minutos cada día a aprender de memoria el versículo clave de esta semana.

VERSÍCULO CLAVE: «Mas a cuantos lo recibieron, a los que creen en su nombre, les dio el derecho de ser hijos de Dios» (Juan 1.12).

Recita la idea clave de esta semana en voz alta. Mientras lo haces, formúlate la pregunta: «¿Refleja mi vida esta afirmación?».

IDEA CLAVE: Creo que soy importante por mi posición como hijo de Dios.

Responde las siguientes preguntas para que te ayuden a aplicar la idea clave de esta semana a tu propia vida.

1. ¿Cómo se expresaría en tu vida esta creencia en acción?

2. ¿Qué atributos visibles pueden hallarse en alguien que encuentra su identidad en Cristo?

3. ¿Qué conductas o actitudes cambiarían si encontraras tu valor en Cristo en lugar de hallarlo en los logros personales?

4. ¿Cómo puedes erradicar la tentación de demostrar tu importancia mediante lo que haces?

Reunión de grupo

¡Bienvenida!

Bienvenido a la Sesión 5 de *Creer*. Si hay miembros nuevos en el grupo, dediquen un momento a presentarse los unos a los otros. Luego pasen algunos minutos compartiendo opiniones o preguntas acerca del estudio personal de esta sesión. ¡Ahora comienza el vídeo!

——NOTAS DE LA ENSEÑANZA DEL VÍDEO——

A medida que ves el vídeo para la Sesión 5, usa el siguiente bosquejo a fin de anotar algunos de los puntos principales. (Las respuestas se encuentran al final de la sesión.)

- Uno de los indicadores más importantes de la felicidad y la calidad de vida provendrá de la respuesta a esta pregunta: ¿_____?

- Jesús nos ofrece una nueva _____ cuando llegamos a la fe en él.

- Versículo clave: «Mas a cuantos lo recibieron, a los que creen en su nombre, les dio el derecho de ser _____ de Dios» (Juan 1.12).

- Idea clave: Creo que soy _____ por mi posición como hijo de Dios.

- (Aplicación clave) Soy libre de _____.

- (Aplicación clave) Mi valor proviene de mi posición en Cristo, no de mi _____.

- (Aplicación clave) Vivo para _____ quién soy en Cristo, no para _____ quién soy.

- (Aplicación clave) Puedo enfocarme en _____ a otros, no en _____.

PARA COMENZAR

Comienza tu discusión recitando el versículo clave y la idea clave juntos como grupo. En tu primer intento, usa tus notas si necesitas ayuda. En tu segundo intento, trata de decirlos completamente de memoria.

VERSÍCULO CLAVE: «Mas a cuantos lo recibieron, a los que creen en su nombre, les dio el derecho de ser hijos de Dios» (Juan 1.12).

IDEA CLAVE: Creo que soy importante por mi posición como hijo de Dios.

DISCUSIÓN DE GRUPO

Como grupo, hablen de sus pensamientos y sentimientos acerca de las siguientes declaraciones. ¿Qué afirmaciones son fáciles de enunciar con certeza? ¿Cuáles son más desafiantes y por qué?

- Creo que Dios me ama; por lo tanto, mi vida tiene valor.
- Existo para conocer, amar y servir a Dios.
- Creo que Dios me ama incluso cuando no lo obedezco.
- Creo que Dios me perdona y acepta.

Basándote en la dinámica de tu grupo y su madurez espiritual, elige las 2–3 preguntas que conducirán a la mejor discusión acerca de la idea clave de esta semana.

1. Desgraciadamente, la mayoría de las personas encuentra su identidad y valor en cosas que no perduran (por ej., la riqueza, el poder, la belleza, la influencia). ¿Por qué resulta tentador encontrar nuestro valor en esos atributos que se desvanecen?

2. ¿Cómo te ha dado este capítulo una mejor comprensión de quién eres y cuál es tu propósito en este mundo?

3. ¿De qué modo entender nuestra identidad en Cristo cambia la forma en que nos relacionamos con las personas que hay en nuestra vida?

4. ¿Qué pensamientos, sentimientos o experiencias están evitando que aceptes tu identidad como hijo de Dios?

Lee Lucas 19.1–9 (ver la sección «Adopción» en Creer*) y escoge 1–2 preguntas que conducirán a la mejor discusión en tu grupo.*

1. ¿De qué manera cambió la conducta de Zaqueo cuando Jesús restauró su identidad?

2. Si pudieras «comenzar de nuevo» con una nueva identidad como hizo Zaqueo, ¿qué dejarías en tu pasado?

3. Hablen de las maneras en que nuestra identidad en Cristo nos libera para vivir sin temor o ansiedad.

CASO DE ESTUDIO

Usa el siguiente caso de estudio como modelo para una situación de la vida real en la que pudieras poner en práctica la idea clave de esta semana.

Sam es uno de esos tipos que parecen ser buenos en todo. Tiene una estupenda educación formal, lo ascienden con frecuencia, trabaja como cocinero gourmet y sabe tocar el ukelele. Es un ciudadano modelo, fiel esposo y entrena al equipo de su hijo en la liga menor. Así que te quedas asombrado cuando la esposa de Sam te pide que ores por él. Te explica que apenas duerme en la noche y le han recetado medicamentos para controlar los ataques de pánico. Él siempre ha estado impulsado hacia el éxito, te dice ella, pero nunca parece encontrar contentamiento en sus logros.

Usando las aplicaciones clave de esta sesión, respondan juntos las siguientes preguntas como grupo. (Si es necesario, consulta tus notas del vídeo para recordar las aplicaciones clave de esta sesión.)

1. ¿Qué podrías decir y hacer para ayudar a Sam a encontrar paz en su identidad en Cristo?

2. ¿En qué aspectos te identificas con la presión que siente Sam para lograr el éxito?

3. ¿Qué pasos prácticos pueden dar las personas para ajustar su proceso de encontrar su identidad si no es saludable o resulta erróneo?

ORACIÓN FINAL

Concluyan el tiempo juntos con oración. Compartan sus peticiones de oración unos con otros. Pídele a Dios que los ayude a poner en práctica la idea clave de esta semana.

DIARIO

Si tu iglesia está realizando la campaña *Creer* a nivel general, lleva contigo esta guía de estudio a la iglesia y utiliza el siguiente espacio para tomar notas sobre el mensaje del pastor o el maestro. Si tu iglesia proporciona un bosquejo, piensa en guardarlo con esta guía para así tener todas tus notas y pensamientos del diario *Creer* en un solo lugar.

RESPUESTAS DE LAS NOTAS DEL VÍDEO

Quién soy yo / identidad / hijos / importante / condenación / desempeño / expresar, demostrar / edificar, derribarlos

Iglesia

Estudio personal

La semana pasada leíste y hablaste sobre tu identidad en Cristo. ¿Aprendiste algo nuevo sobre tu lugar en el reino de Dios? Quizá aprender sobre cómo te ve Dios cambió el modo en que te ves a ti mismo. Esta semana antes de la reunión de tu grupo, lee *Creer, sesión 6: Iglesia*. Luego, pasa algún tiempo permitiendo que las Escrituras se afiancen en tu corazón y considerando cómo puedes formar parte personalmente del plan de Dios para el mundo.

LECTURA

Lee Creer, sesión 6: Iglesia y responde las siguientes preguntas.

1. Considera las dos últimas historias de Abraham (ver Génesis 12.1–9; 15.1–6, 7–21) y Pedro (ver Mateo 16.13–19). ¿Qué respuesta de Abraham le fue «contada por justicia»? ¿Cómo respondió Pedro cuando Jesús le preguntó: «¿Quién dicen que soy yo?»? ¿De qué forma se relacionan ambas respuestas?

2. ¿Cómo Dios equipó a las personas de la primera iglesia para que llevaran a cabo su misión de difundir el evangelio de Jesucristo?

3. Mientras lees la historia de Hechos 8 sobre la expansión de la iglesia, ¿cuáles son algunos de los acontecimientos que muestran la transformación de un pequeño grupo de seguidores judíos de Jesús en la iglesia cristiana universal?

4. Identifica algunas de las maneras en las que la persecución ayudó a la primera iglesia en su misión de compartir el evangelio.

5. Mientras lees los pasajes de Efesios 4 y Apocalipsis 2, identifica las frases clave que definen el propósito de la iglesia cristiana en el mundo.

EVALUACIÓN

Basándote en tu lectura de Creer, *sesión 6: Iglesia, evalúa tu nivel de confianza en las afirmaciones siguientes utilizando una escala de 1–6 (1 = nada de confianza, 6 = certeza completa).*

_____ Creo que Dios le da dones espirituales a todo cristiano para el servicio a la iglesia y la comunidad.

_____ Creo que no puedo crecer como cristiano a menos que sea un miembro activo de una iglesia local.

_____ Creo que la comunidad de los verdaderos creyentes es el cuerpo de Cristo en la tierra.

_____ Creo que el propósito de la iglesia es compartir el evangelio y alentar a los cristianos hacia la madurez en Cristo.

PASO DE ACCIÓN

Memorizar las Escrituras es una valiosa disciplina que todos los creyentes deben ejercitar. Dedica unos minutos cada día a aprender de memoria el versículo clave de esta semana.

VERSÍCULO CLAVE: ««Más bien, al vivir la verdad con amor, creceremos hasta ser en todo como aquel que es la cabeza, es decir, Cristo. Por su acción todo el cuerpo crece y se edifica en amor, sostenido y ajustado por todos los ligamentos, según la actividad propia de cada miembro» (Efesios 4.15–16).

Recita la idea clave de esta semana en voz alta. Mientras lo haces, formúlate la pregunta: «¿Refleja mi vida esta afirmación?».

IDEA CLAVE: Creo que la iglesia de Dios es la principal forma de llevar a cabo sus propósitos en la tierra.

Responde las siguientes preguntas para que te ayuden a aplicar la idea clave de esta semana a tu propia vida.

1. ¿Qué conductas te ayudan a reconocer a alguien que cree que la iglesia es la forma principal de Dios de lograr sus propósitos en la tierra?

2. ¿Qué (si hay algo) te obstaculiza para ofrecer plenamente tu tiempo y tus capacidades a la misión de la iglesia?

3. ¿Qué es algo que puedes hacer esta semana para demostrar tu creencia en la iglesia como la manera principal de Dios de lograr sus propósitos en la tierra?

Reunión de grupo

¡Bienvenida!

Bienvenido a la Sesión 6 de *Creer*. Si hay miembros nuevos en el grupo, dediquen un momento a presentarse los unos a los otros. Luego pasen algunos minutos compartiendo opiniones o preguntas acerca del estudio personal de esta sesión. ¡Ahora comienza el vídeo!

NOTAS DE LA ENSEÑANZA DEL VÍDEO

A medida que ves el segmento en vídeo para la Sesión 6, usa el siguiente bosquejo a fin de anotar algunos de los puntos principales. (Las respuestas se encuentran al final de la sesión.)

- Pregunta clave: ¿Cómo _____ Dios su propósitos?

- Idea clave: Creo que la iglesia de Dios es la _____ forma de llevar a cabo sus _____ en la tierra.

- Hechos 1.8: «Pero cuando venga el Espíritu Santo sobre ustedes, recibirán poder y serán mis _____ tanto en Jerusalén como en toda Judea y Samaria, y hasta los confines de la tierra».

- Versículo clave: «Más bien, al vivir la verdad con amor, creceremos hasta ser en todo _____ aquel que es la cabeza, es decir, Cristo. Por su acción todo el cuerpo crece y se edifica en amor, sostenido y ajustado por todos los ligamentos, según la actividad propia de cada _____ » (Efesios 4.15–16).

- (Aplicación clave) Perteneces al cuerpo de Cristo; no vayas buscando _____ en todos los lugares equivocados.

- (Aplicación clave) Dios usará a la iglesia para _____ sus propósitos en tu vida.

- (Aplicación clave) Dios _____ usará para lograr sus propósitos en las vidas de otros e incluso en el mundo.

PARA COMENZAR

Comienza tu discusión recitando el versículo clave y la idea clave juntos como grupo. En tu primer intento, usa tus notas si necesitas ayuda. En tu segundo intento, trata de decirlos completamente de memoria.

VERSÍCULO CLAVE: «Más bien, al vivir la verdad con amor, creceremos hasta ser en todo como aquel que es la cabeza, es decir, Cristo. Por su acción todo el cuerpo crece y se edifica en amor, sostenido y ajustado por todos los ligamentos, según la actividad propia de cada miembro» (Efesios 4.15–16).

IDEA CLAVE: Creo que la iglesia de Dios es la principal forma de llevar a cabo sus propósitos en la tierra.

DISCUSIÓN DE GRUPO

Como grupo, hablen de sus pensamientos y sentimientos acerca de las siguientes declaraciones. ¿Qué afirmaciones son fáciles de enunciar con certeza? ¿Cuáles son más desafiantes y por qué?

- Creo que Dios le da dones espirituales a todo cristiano para el servicio a la iglesia y la comunidad.
- Creo que no puedo crecer como cristiano a menos que sea un miembro activo de una iglesia local.
- Creo que la comunidad de los verdaderos creyentes es el cuerpo de Cristo en la tierra.
- Creo que el propósito de la iglesia es compartir el evangelio y alentar a los cristianos hacia la madurez en Cristo.

Basándote en la dinámica de tu grupo y su madurez espiritual, elige las 2–3 preguntas que conducirán a la mejor discusión acerca de la idea clave de esta semana.

1. Describe maneras concretas en que tu iglesia local te ha ayudado a crecer en tu madurez espiritual.

2. Si es poco sano vivir la vida en aislamiento, ¿por qué tantas personas deciden vivir de esa manera?

3. Las personas buscan encontrar propósito y comunidad fuera de la iglesia. ¿De qué maneras podría eso dañar a la comunidad de la iglesia y obstaculizar el crecimiento individual?

4. Describe tres maneras sencillas en que tu grupo podría ayudar a su iglesia local en su misión redentora.

Lee Génesis 12.1–3 (ver la sección «Fundación» en Creer) *y escoge 1–2 preguntas que conducirán a la mejor discusión en tu grupo.*

1. La promesa de pacto de Dios a Abraham y sus descendientes fue bendecirlos. En cambio, ellos serían una bendición para el mundo. ¿De qué maneras específicas se muestran esas promesas en tu iglesia en la actualidad?

2. Piensen juntos en algunas formas sencillas en que tú, tu familia y tu iglesia pueden ser una bendición para el mundo.

3. Habla de las maneras en que has visto la bendición de Dios sobre tu vida.

CASO DE ESTUDIO

Usa el siguiente caso de estudio como modelo para una situación de la vida real en la que pudieras poner en práctica la idea clave de esta semana.

Tu amiga Jackie ha sido directora de su escuela durante casi dos décadas. Cuando te encuentras con ella en el supermercado, puedes decir que no tiene su aspecto alegre habitual. Por lo tanto, le preguntas si está bien. Su respuesta te agarra fuera de guardia. «Estoy bien, supongo. Este año escolar ha sido realmente difícil para mí. De hecho, cada año parece ser más desafiante. ¡Los muchachos son estupendos! No me malentiendas. Nunca me cansaré de ellos. Tan solo me gustaría poder hacer más para ayudar. Mira, la mayoría de mis muchachos vienen de familias que están batallando en numerosos niveles. Los padres tienen buenas intenciones, pero están mal equipados en el ámbito económico, relacional y emocional. Y nosotros como educadores podemos hacer algo, pero hasta cierto punto».

Usando las aplicaciones clave de esta sesión, ¿qué consejo le darías a Jackie? (Si es necesario, consulta tus notas del vídeo para recordar las aplicaciones clave de esta sesión.)

ORACIÓN FINAL

Concluyan el tiempo juntos con oración. Compartan sus peticiones de oración unos con otros. Pídele a Dios que los ayude a poner en práctica la idea clave de esta semana.

DIARIO

Si tu iglesia está realizando la campaña *Creer* a nivel general, lleva contigo esta guía de estudio a la iglesia y utiliza el siguiente espacio para tomar notas sobre el mensaje del pastor o el maestro. Si tu iglesia proporciona un bosquejo, piensa en guardarlo con esta guía para así tener todas tus notas y pensamientos del diario *Creer* en un solo lugar.

RESPUESTAS DE LAS NOTAS DEL VÍDEO
---

logra / principal, propósitos / testigos / como, miembro / comunidad / lograr / te

Humanidad

Estudio personal

La semana pasada le diste un vistazo profundo al papel de la iglesia en el gran plan de Dios. ¿Reconociste la parte que desempeñas personalmente en ese plan? Si no eres miembro de una iglesia local, considera encontrar una: un lugar donde puedas participar a fin de lograr el plan de Dios para el mundo. Esta semana antes de la reunión de tu grupo, lee *Creer, sesión 7: Humanidad*. Luego, pasa algún tiempo permitiendo que las Escrituras se afiancen en tu corazón y orando para que Dios te revele por qué es más fácil para ti amar a algunas personas y grupos que a otros.

LECTURA

Lee Creer, sesión 7: Humanidad *y responde las siguientes preguntas.*

1. Describe con tus propias palabras la intención original de Dios para la raza humana.

2. ¿Cuáles son algunos de los resultados del pecado humano reflejado en la historia de Caín y Abel en Génesis 4?

3. ¿De qué formas Dios constituye nuestra mayor defensa contra los falsos maestros?

4. ¿Cómo muestra el libro de Oseas tanto la disciplina y el castigo de Dios como su compasión y redención? ¿De qué maneras consideras que encajan su disciplina y castigo con tu concepto de Dios como un Dios de amor?

5. ¿Cómo las historias de este capítulo enfatizan la persistencia y la compasión de Dios en lo que respecta a llevar a las personas a tener una relación con él? ¿Qué frases te hablan de una manera personal?

EVALUACIÓN

Basándote en tu lectura de Creer, *sesión 7: Humanidad, evalúa tu nivel de confianza en las afirmaciones siguientes utilizando una escala de 1–6 (1 = nada de confianza, 6 = certeza completa).*

_____ Creo que cada persona posee una naturaleza de pecado y tiene necesidad del perdón de Dios.

_____ Creo que somos creados a imagen de Dios, por lo tanto, tenemos igual valor, independientemente de la raza, la religión o el género.

_____ Creo que Dios ama a todas las personas; por lo tanto, yo también debería amarlas.

_____ Creo que el Espíritu Santo es Dios y habita en los cristianos a fin de capacitarlos para vivir la vida cristiana.

PASO DE ACCIÓN

Memorizar las Escrituras es una valiosa disciplina que todos los creyentes deben ejercitar. Dedica unos minutos cada día a aprender de memoria el versículo clave de esta semana.

VERSÍCULO CLAVE: «Porque tanto amó Dios al mundo, que dio a su Hijo unigénito, para que todo el que cree en él no se pierda, sino que tenga vida eterna» (Juan 3.16).

Recita la idea clave de esta semana en voz alta. Mientras lo haces, formúlate la pregunta: «¿Refleja mi vida esta afirmación?».

IDEA CLAVE: Creo que Dios ama a todas las personas y que todas ellas necesitan a Jesucristo como su Salvador.

Responde las siguientes preguntas para que te ayuden a aplicar la idea clave de esta semana a tu propia vida.

1. ¿Qué conductas te ayudan a reconocer a alguien que cree que Dios ama a todas las personas y que ellas necesitan a Jesucristo como su Salvador?

2. ¿Qué (si hay algo) te obstaculiza para amar plenamente a las personas del modo en que Dios las ama?

3. ¿Qué es algo que puedes hacer esta semana para demostrar esta creencia?

Reunión de grupo

¡Bienvenida!

Bienvenido a la Sesión 7 de *Creer*. Si hay miembros nuevos en el grupo, dediquen un momento a presentarse los unos a los otros. Luego pasen algunos minutos compartiendo opiniones o preguntas acerca del estudio personal de esta sesión. ¡Ahora comienza el vídeo!

NOTAS DE LA ENSEÑANZA DEL VÍDEO

A medida que ves el segmento en vídeo para la Sesión 7, usa el siguiente bosquejo a fin de anotar algunos de los puntos principales. (Las respuestas se encuentran al final de la sesión.)

- Pregunta clave: ¿Cómo _____ Dios a las personas?

- Idea clave: Creo que Dios ama a _____ las personas y que todas ellas _____ a Jesucristo como su Salvador.

- Isaías 53.6: «Todos andábamos perdidos, como ovejas; cada uno seguía su propio _____».

- Versículo clave: «Porque tanto amó Dios al mundo, que _____ a su Hijo unigénito, para que todo el que cree en él no se _____, sino que tenga vida eterna» (Juan 3.16).

- Romanos 5.8: «Pero Dios demuestra su amor por nosotros en esto: en que cuando todavía éramos _____, Cristo murió por nosotros».

- (Aplicación clave) Valoro _____ vida humana.

- (Aplicación clave) Veo y trato a todas las personas del modo en que _____ las ve y las trata.

- (Aplicación clave) Soy impulsado a hablarles a todas las personas sobre _____.

PARA COMENZAR

Comienza tu discusión recitando el versículo clave y la idea clave juntos como grupo.
En tu primer intento, usa tus notas si necesitas ayuda. En tu segundo intento, trata de
decirlos completamente de memoria.

VERSÍCULO CLAVE: «Porque tanto amó Dios al mundo, que dio a su Hijo unigénito, para que todo el que cree en él no se pierda, sino que tenga vida eterna» (Juan 3.16).

IDEA CLAVE: Creo que Dios ama a todas las personas y que todas ellas necesitan a Jesucristo como su Salvador.

DISCUSIÓN DE GRUPO

Como grupo, hablen de sus pensamientos y sentimientos acerca de las siguientes
declaraciones. ¿Qué afirmaciones son fáciles de enunciar con certeza? ¿Cuáles son más
desafiantes y por qué?

- Creo que cada persona posee una naturaleza de pecado y tiene necesidad del perdón de Dios.
- Creo que somos creados a imagen de Dios, por lo tanto, tenemos igual valor, independientemente de la raza, la religión o el género.
- Creo que Dios ama a todas las personas; por lo tanto, yo también debería amarlas.
- Creo que el Espíritu Santo es Dios y habita en los cristianos a fin de capacitarlos para vivir la vida cristiana.

Basándote en la dinámica de tu grupo y su madurez espiritual, elige las 2–3 preguntas
que conducirán a la mejor discusión acerca de la idea clave de esta semana.

1. Describe los pensamientos y sentimientos que vienen a tu mente cuando oyes sobre el amor radical de Dios por ti.

2. ¿Te resulta difícil recibir el amor y el perdón de Dios? ¿Por qué sí o por qué no?

3. ¿Qué disciplinas personales podemos adoptar que inviten al Espíritu Santo a cambiar nuestro sentir hacia las personas difíciles?

4. Describe un tiempo en el que Dios cambió tus sentimientos hacia una persona o grupo de personas. ¿Qué causó concretamente el cambio en tu interior?

Lee Romanos 1.18–32 y Lucas 6.27–36 (ver las secciones «La devastadora condición humana» y «Veamos a las personas como Dios las ve» en Creer) *y escoge 1–2 preguntas que conducirán a la mejor discusión en tu grupo.*

1. ¿Qué revela Romanos 1 sobre la humanidad y la condición humana?

2. ¿De qué manera amar a nuestros enemigos le muestra al mundo que somos hijos de Dios?

3. La Biblia nos llama a amar a las personas difíciles del modo en que Dios lo hace. ¿Es posible eso? Si es así, ¿cómo?

CASO DE ESTUDIO

Usa el siguiente caso de estudio como modelo para una situación de la vida real en la que pudieras poner en práctica la idea clave de esta semana.

Carlos, Jana y sus dos hijos han estado asistiendo a la iglesia contigo durante el último año y medio. Al comienzo se mostraban renuentes, pero ahora buscan deseosamente aplicar la Palabra de Dios a sus vidas, y los cambios son evidentes. Durante una conversación en el almuerzo, Carlos menciona a un vecino que lo ha estado molestando. «Sinceramente, soy reacio a decirlo, pero no puedo soportar a ese tipo. Su jardín es siempre un desastre, nunca establece contacto visual, y no podríamos estar más distanciados cuando se trata de política. Durante los períodos electorales, su jardín está lleno de señales que apoyan a personas e ideas que yo creo que son claramente peligrosas. Sé que debemos amar a nuestro prójimo como a nosotros mismos, pero me resulta difícil encontrar algo que se pueda amar en ese tipo».

Usando las aplicaciones clave de esta sesión, ¿qué consejo práctico le darías a Carlos? (Si es necesario, consulta tus notas del vídeo para recordar las aplicaciones clave de esta sesión.)

ORACIÓN FINAL

Concluyan el tiempo juntos con oración. Compartan sus peticiones de oración unos con otros. Pídele a Dios que los ayude a poner en práctica la idea clave de esta semana.

DIARIO

Si tu iglesia está realizando la campaña *Creer* a nivel general, lleva contigo esta guía de estudio a la iglesia y utiliza el siguiente espacio para tomar notas sobre el mensaje del pastor o el maestro. Si tu iglesia proporciona un bosquejo, piensa en guardarlo con esta guía para así tener todas tus notas y pensamientos del diario *Creer* en un solo lugar.

RESPUESTAS DE LAS NOTAS DEL VÍDEO

ve / todas, necesitan / camino / dio, pierda / pecadores / toda / Dios / Jesús

Compasión

Estudio personal

La semana pasada exploraste tus creencias sobre la humanidad. ¿Pudiste identificar por qué te es más fácil por naturaleza amar a algunas personas que a otras? Quizá aprendiste algo sobre ti mismo o Dios que te ayudará a ver a los demás como Dios los ve. ¡Eso es estupendo! Esta semana antes de la reunión de tu grupo, lee *Creer, sesión 8: Compasión*. Luego, pasa algún tiempo permitiendo que las Escrituras se afiancen en tu corazón y orando para que Dios te ayude a desarrollar compasión por quienes te rodean.

LECTURA

Lee Creer, sesión 8: Compasión *y responde las siguientes preguntas.*

1. Mientras lees el relato de Nehemías 9, busca algunas de las formas en que Dios les mostró compasión y justicia a los israelitas.

2. Mientras lees los pasajes seleccionados de Deuteronomio 24 y 25, busca algunos de los principios detrás de las leyes que Moisés les dio a los israelitas para que regularan la forma en que trataban a los demás.

3. ¿De qué forma Booz expresó su fe cuando ayudó a Rut y Noemí? ¿Cuál fue la motivación detrás de sus actos de compasión?

4. En tus propias palabras, describe cómo se relacionan el amor a Dios y a los demás.

5. ¿Cuáles son las actitudes que Santiago defiende? ¿Cómo podemos adoptar esas mismas actitudes?

EVALUACIÓN

Basándote en tu lectura de Creer, *sesión 8: Compasión, evalúa tu nivel de confianza en las afirmaciones siguientes utilizando una escala de 1–6 (1 = nada de confianza, 6 = certeza completa).*

_____ Dios me llama a involucrarme en las vidas de los pobres y los que sufren.

_____ Creo que soy responsable delante de Dios de mostrarles compasión a los enfermos y encarcelados.

_____ Creo que debería defender a quienes no pueden defenderse a sí mismos.

_____ Creo que los cristianos no deberían adquirir todo lo que puedan permitirse, de modo que el dinero adicional pudiera estar así disponible para ayudar a los que tienen necesidad.

PASO DE ACCIÓN

Memorizar las Escrituras es una valiosa disciplina que todos los creyentes deben ejercitar. Dedica unos minutos cada día a aprender de memoria el versículo clave de esta semana.

VERSÍCULO CLAVE: «Defiendan la causa del huérfano y del desvalido; al pobre y al oprimido háganles justicia. Salven al menesteroso y al necesitado; líbrenlos de la mano de los impíos» (Salmos 82.3–4).

Recita la idea clave de esta semana en voz alta. Mientras lo haces, formúlate la pregunta: «¿Refleja mi vida esta afirmación?».

IDEA CLAVE: Creo que Dios llama a todos los cristianos a mostrarles compasión a las personas necesitadas.

Responde las siguientes preguntas para que te ayuden a aplicar la idea clave de esta semana a tu propia vida.

1. ¿Qué conductas te ayudan a reconocer a alguien que cree que ha sido llamado por Dios a mostrarles compasión a las personas en necesidad?

2. ¿Qué (si hay algo) te obstaculiza para mostrarles compasión a las personas en necesidad?

3. ¿Qué es algo que puedes hacer esta semana para demostrar esta creencia?

Reunión de grupo

¡Bienvenida!

Bienvenido a la Sesión 8 de *Creer*. Si hay miembros nuevos en el grupo, dediquen un momento a presentarse los unos a los otros. Luego pasen algunos minutos compartiendo opiniones o preguntas acerca del estudio personal de esta sesión. ¡Ahora comienza el vídeo!

———— NOTAS DE LA ENSEÑANZA DEL VÍDEO ————

A medida que ves el segmento en vídeo para la Sesión 8, usa el siguiente bosquejo a fin de anotar algunos de los puntos principales. (Las respuestas se encuentran al final de la sesión.)

- Pregunta clave: ¿Qué hay de los pobres y la _____?

- Idea clave: Creo que Dios llama a todos los cristianos a mostrarles _____ a las personas necesitadas.

- Versículo clave: «_____ la causa del huérfano y del desvalido; al pobre y al oprimido háganles justicia. _____ al menesteroso y al necesitado; _____ de la mano de los impíos» (Salmos 82.3–4).

- Santiago 1.27: «La religión pura y sin mancha _____ de Dios nuestro Padre es ésta: atender a los huérfanos y a las viudas en sus aflicciones, y conservarse limpio de la corrupción del mundo».

- La pregunta correcta no es «¿quién es mi prójimo?», sino «¿quién _____ ser un prójimo?».

- Como cristiano, la mala situación de los pobres, oprimidos, abandonados y necesitados es _____ problema.

- (Aplicación clave) Haré con otros lo que me gustaría que _____ hicieran conmigo.

- (Aplicación clave) A las personas no les _____ lo mucho que sé hasta que saben lo mucho que me importan.

- Cuando las personas preguntan: «¿Dónde están Dios cuando se trata de los pobres y la injusticia en la tierra?», la respuesta debería ser: «Miren al pueblo de Dios. Ellos están justamente en _____ de ello».

PARA COMENZAR

Comienza tu discusión recitando el versículo clave y la idea clave juntos como grupo. En tu primer intento, usa tus notas si necesitas ayuda. En tu segundo intento, trata de decirlos completamente de memoria.

VERSÍCULO CLAVE: «Defiendan la causa del huérfano y del desvalido; al pobre y al oprimido háganles justicia. Salven al menesteroso y al necesitado; líbrenlos de la mano de los impíos» (Salmos 82.3–4).

IDEA CLAVE: Creo que Dios llama a todos los cristianos a mostrarles compasión a las personas necesitadas.

DISCUSIÓN DE GRUPO

Como grupo, hablen de sus pensamientos y sentimientos acerca de las siguientes declaraciones. ¿Qué afirmaciones son fáciles de enunciar con certeza? ¿Cuáles son más desafiantes y por qué?

- Dios me llama a involucrarme en las vidas de los pobres y los que sufren.
- Creo que soy responsable delante de Dios de mostrarles compasión a los enfermos y encarcelados.
- Creo que debería defender a quienes no pueden defenderse a sí mismos.
- Creo que los cristianos no deberían adquirir todo lo que puedan permitirse, de modo que el dinero adicional pudiera estar así disponible para ayudar a los que tienen necesidad.

Basándote en la dinámica de tu grupo y su madurez espiritual, elige las 2–3 preguntas que conducirán a la mejor discusión acerca de la idea clave de esta semana.

1. ¿De qué maneras has experimentado la compasión de un familiar, amigo o desconocido?

2. ¿Cuál es la diferencia entre intentar «solucionar» la pobreza y la injusticia y «sufrir» con alguien que la está experimentando?

3. Además de un gesto económico, ¿qué otras maneras compasivas hay de consolar a alguien que tiene necesidad?

4. ¿De qué modos pueden la deuda y el estrés financiero obstaculizar la generosidad compasiva? ¿Cómo sería presupuestar de modo estratégico, de forma que un individuo esté equipado para actuar generosamente en momentos de necesidad e injusticia?

Lee Deuteronomio 24.10–15, 17–22 (ver la sección «Israel: llamados a la compasión» en Creer) *y escoge 1–2 preguntas que conducirán a la mejor discusión en tu grupo.*

1. ¿Eres consciente de alguna persona débil, necesitada, oprimida o huérfana en tu comunidad? Si no es así, ¿qué pasos puedes dar para elevar tu conciencia de ellos? Si es así, hablen de lo que puede hacerse para «defenderlos» y apoyarlos.

2. Escoge una situación concreta (por ejemplo, relacionada con una viuda, un huérfano, los refugiados, sin techo, adictos) y hablen de lo que sería «sufrir» con el individuo que tiene necesidad.

3. Enumera algunas razones por las que muchas personas deciden ignorar a los necesitados y oprimidos. Después, hablen de lo que sería ser libres del status quo y defender a los débiles y oprimidos.

CASO DE ESTUDIO

Usa el siguiente caso de estudio como modelo para una situación de la vida real en la que pudieras poner en práctica la idea clave de esta semana.

Casandra ha trabajado duro para llegar a a donde está en la vida. Se crió en una familia grande con escasos ingresos, pero encontró una manera de tener éxito a pesar de sus modestos comienzos. Han estado trabajando juntos durante dos años. Antes de salir del gimnasio, siempre terminan su tiempo en oración conjunta. En un momento de sinceridad, ella te habla de su hermano, quien está pasando por momentos difíciles. Casandra ha estado evitando sus llamadas porque no sabe qué decir o cómo «solucionar» sus problemas económicos.

Usando las aplicaciones clave de esta sesión, ¿qué consejo práctico le darías a Casandra? (Si es necesario, consulta tus notas del vídeo para recordar las aplicaciones clave de esta sesión.)

ORACIÓN FINAL

Concluyan el tiempo juntos con oración. Compartan sus peticiones de oración unos con otros. Pídele a Dios que los ayude a poner en práctica la idea clave de esta semana.

DIARIO

Si tu iglesia está realizando la campaña *Creer* a nivel general, lleva contigo esta guía de estudio a la iglesia y utiliza el siguiente espacio para tomar notas sobre el mensaje del pastor o el maestro. Si tu iglesia proporciona un bosquejo, piensa en guardarlo con esta guía para así tener todas tus notas y pensamientos del diario *Creer* en un solo lugar.

RESPUESTAS DE LAS NOTAS DEL VÍDEO

injusticia / compasión / Defiendan, Salven, líbrenlos / delante / demostró / mi / ellos / importa / medio

Mayordomía

Estudio personal

La semana pasada le diste una profunda mirada a tus creencias sobre la compasión. ¿Aprendiste algo nuevo que podría hacerte ser más compasivo hacia otras personas? Quizá reconociste una situación en tu propia vida en la que alguien te demostró compasión. Esta semana antes de la reunión de tu grupo, lee *Creer, sesión 9: Mayordomía*. Luego, pasa algún tiempo permitiendo que las Escrituras se afiancen en tu corazón e identificando algunas áreas en tu vida en las que podrías llegar a ser un mejor administrador.

LECTURA

Lee Creer, sesión 9: Mayordomía *y responde las siguientes preguntas.*

1. Mientras lees el pasaje de Salmos 50, considera esta cuestión: Si Dios es autosuficiente, ¿por qué tenemos que devolverle una porción de nuestras riquezas?

2. ¿Cuáles son los identificadores clave de una buena mayordomía? ¿Cómo recompensa Dios la buena administración de sus recursos?

3. Contrasta el estilo de vida de alguien que ama al dinero con el de alguien que ama a Dios.

4. ¿Por qué se nos anima a practicar la hospitalidad? ¿Por qué es importante la hospitalidad para Dios?

5. Lista algunas de las cosas que Dios te ha dado para que las administres. ¿Cómo te está yendo en cada una de esas áreas? ¿Cómo puedes mejorar tu administración de tales cosas?

EVALUACIÓN

Basándote en tu lectura de Creer, *sesión 9: Mayordomía, evalúa tu nivel de confianza en las afirmaciones siguientes utilizando una escala de 1–6 (1 = nada de confianza, 6 = certeza completa).*

_____ Creo que todo lo que soy o poseo viene de Dios y le pertenece a él.

_____ Creo que el cristiano debería vivir una vida sacrificada y no ser impulsado por la búsqueda de cosas materiales.

_____ Creo que los cristianos deberían dar al menos el diez por ciento de sus ingresos a la obra de Dios.

_____ Creo que Dios bendecirá a los cristianos ahora y en la vida venidera por sus buenas obras.

PASO DE ACCIÓN

Memorizar las Escrituras es una valiosa disciplina que todos los creyentes deben ejercitar. Dedica unos minutos cada día a aprender de memoria el versículo clave de esta semana.

VERSÍCULO CLAVE: «Del Señor es la tierra y todo cuanto hay en ella, el mundo y cuantos lo habitan» (Salmos 24.1).

Recita la idea clave de esta semana en voz alta. Mientras lo haces, formúlate la pregunta: «¿Refleja mi vida esta afirmación?».

IDEA CLAVE: Creo que todo lo que soy y todo lo que tengo le pertenece a Dios.

Responde las siguientes preguntas para que te ayuden a aplicar la idea clave de esta semana a tu propia vida.

1. ¿Qué conductas te ayudan a reconocer a alguien que cree que todo le pertenece a Dios?

2. ¿Qué (si hay algo) te obstaculiza para practicar la buena mayordomía?

3. ¿Qué es algo que puedes hacer esta semana para demostrar esta creencia?

Reunión de grupo

¡Bienvenida!

Bienvenido a la Sesión 9 de *Creer*. Si hay miembros nuevos en el grupo, dediquen un momento a presentarse los unos a los otros. Luego pasen algunos minutos compartiendo opiniones o preguntas acerca del estudio personal de esta sesión. ¡Ahora comienza el vídeo!

NOTAS DE LA ENSEÑANZA DEL VÍDEO

A medida que ves el segmento en vídeo para la Sesión 9, usa el siguiente bosquejo a fin de anotar algunos de los puntos principales. (Las respuestas se encuentran al final de la sesión.)

- Pregunta clave: ¿Cuál es el _____ de Dios en mi vida?

- Idea clave: Creo que todo lo que soy y todo lo que tengo le _____ a Dios.

- Versículo clave: «Del Señor es la tierra y _____ cuanto hay en ella, el mundo y cuantos lo habitan» (Salmos 24.1).

- Todo le pertenece al Señor, él es dueño de todo, el hacedor y creador de todo. Él tiene la patente, los derechos de propiedad intelectual, y el título de _____.

- Los cristianos reconocen que no son _____ que hacen contribuciones a Dios, sino más bien administradores de todo lo que somos y poseemos.

- (Aplicación clave) Paso de ser dueño a ser _____.

- (Aplicación clave) ¿Qué quiere Dios que yo _____ con lo que me ha dado?

- Ser un administrador es mucho más _____ que ser un dueño.

- Yo le _____ el título de mi casa y mi vida a Dios.

PARA COMENZAR

Comienza tu discusión recitando el versículo clave y la idea clave juntos como grupo. En tu primer intento, usa tus notas si necesitas ayuda. En tu segundo intento, trata de decirlos completamente de memoria.

VERSÍCULO CLAVE: «Del Señor es la tierra y todo cuanto hay en ella, el mundo y cuantos lo habitan» (Salmos 24.1).

IDEA CLAVE: Creo que todo lo que soy y todo lo que tengo le pertenece a Dios.

DISCUSIÓN DE GRUPO

Como grupo, hablen de sus pensamientos y sentimientos acerca de las siguientes declaraciones. ¿Qué afirmaciones son fáciles de enunciar con certeza? ¿Cuáles son más desafiantes y por qué?

- Creo que todo lo que soy o poseo viene de Dios y le pertenece a él.
- Creo que el cristiano debería vivir una vida sacrificada y no ser impulsado por la búsqueda de cosas materiales.
- Creo que los cristianos deberían dar al menos el diez por ciento de sus ingresos a la obra de Dios.
- Creo que Dios bendecirá a los cristianos ahora y en la vida venidera por sus buenas obras.

Basándote en la dinámica de tu grupo y su madurez espiritual, elige las 2–3 preguntas que conducirán a la mejor discusión acerca de la idea clave de esta semana.

1. Hablen de los beneficios de los principios de la buena mayordomía y las consecuencias que surgen cuando se pasan por alto.

2. ¿Cómo cambiaría el modo en que enfocas tu vida cotidiana el hecho de verte a ti mismo como un administrador de la propiedad de Dios en lugar de ser el dueño de tus posesiones personales?

3. Comúnmente, una de las primeras palabras que dice un niño es «mío». ¿Qué nos dice eso sobre la naturaleza humana? ¿Cómo obstaculiza ese pensamiento de que todo es mío la buena mayordomía?

4. ¿De qué maneras, si hay alguna, te ha recompensado la buena mayordomía en el ámbito económico, emocional o espiritual?

Lee Marcos 12.41–44 (ver la sección «...de su dinero» en Creer*) y escoge 1–2 preguntas que conducirán a la mejor discusión en tu grupo.*

1. Basándote en lo que acabas de leer, ¿qué parece ser más importante para Dios cuando se trata del acto de dar?

2. ¿Puede imitarse el ejemplo de la viuda si eres una persona con riqueza? Si es así, ¿cómo?

3. ¿Quién en tu vida tiene la mentalidad de la viuda pobre con respecto a sus posesiones? ¿Qué hizo esa persona concretamente que captó tu atención?

CASO DE ESTUDIO

Usa el siguiente caso de estudio como modelo para una situación de la vida real en la que pudieras poner en práctica la idea clave de esta semana.

El estrés económico ha forzado a Sofía a vender su casa y comprar un pequeño apartamento en la ciudad. Aunque ella sabe que ese movimiento es lo más sabio que puede hacer, admite que tener que reducir el espacio la hace sentirse un fracaso. Aunque su nuevo apartamento tiene espacio solamente para la mitad de sus cosas, parece que no puede renunciar a ninguna de sus posesiones.

Usando las aplicaciones clave de esta sesión, ¿qué consejo práctico le darías a Sofía? (Si es necesario, consulta tus notas del vídeo para recordar las aplicaciones clave de esta sesión.)

ORACIÓN FINAL

Concluyan el tiempo juntos con oración. Compartan sus peticiones de oración unos con otros. Pídele a Dios que los ayude a poner en práctica la idea clave de esta semana.

DIARIO

Si tu iglesia está realizando la campaña *Creer* a nivel general, lleva contigo esta guía de estudio a la iglesia y utiliza el siguiente espacio para tomar notas sobre el mensaje del pastor o el maestro. Si tu iglesia proporciona un bosquejo, piensa en guardarlo con esta guía para así tener todas tus notas y pensamientos del diario *Creer* en un solo lugar.

Eternidad

Estudio personal

La semana pasada exploraste maneras en que puedes ser un buen administrador de lo que Dios te ha confiado. ¿Encontraste alguna área en tu propia vida en la que podrías ser un mejor administrador? Quizá reconociste por primera vez que todos somos llamados a cuidar de la creación de Dios. Esta semana antes de la reunión de tu grupo, lee *Creer, sesión 10: Eternidad*. Luego, pasa algún tiempo permitiendo que las Escrituras se afiancen en tu corazón y considerando tus propias creencias acerca de la vida venidera.

LECTURA

Lee Creer, sesión 10: Eternidad *y responde las siguientes preguntas.*

1. Debido al hecho de que en el Antiguo Testamento no se habló mucho de la vida eterna, ¿por qué piensas que los profetas insistían en buscar a Elías? ¿Cómo podrías haber respondido si estuvieras allí?

2. Escuchar a una persona que regresó de la muerte contarte lo que experimentó del otro lado podría parecer muy convincente. ¿Por qué Abraham no estuvo de acuerdo?

3. ¿Cómo nuestros cuerpos resucitados serán diferentes de nuestros cuerpos terrenales? ¿De qué manera se compara lo que dice la Biblia con algunas de las nociones populares sobre cómo seremos en el cielo?

4. Mientras lees el pasaje de 1 Tesalonicenses 4–5 y 2 Pedro 3, busca algunas frases que nos alienten a vivir nuestras vidas hoy considerando el inminente regreso de Cristo.

5. Al considerar la vida eternal en el jardín de la nueva tierra, sin la presencia del pecado, el odio, las dificultades, la guerra o la muerte, ¿qué es lo que más anticipas del cielo?

EVALUACIÓN

Basándote en tu lectura de Creer, *sesión 10: Eternidad, evalúa tu nivel de confianza en las afirmaciones siguientes utilizando una escala de 1–6 (1 = nada de confianza, 6 = certeza completa).*

_____ Creo que es importante compartir el evangelio con mi prójimo, porque Cristo me ha mandado a hacerlo.

_____ Creo que las personas que rechazan deliberadamente a Jesucristo como Salvador no heredarán la vida eterna.

_____ Creo que cada persona está sujeta al juicio de Dios.

_____ Creo que todas las personas que ponen su confianza en Jesucristo pasarán la eternidad en el cielo.

PASO DE ACCIÓN

Memorizar las Escrituras es una valiosa disciplina que todos los creyentes deben ejercitar. Dedica unos minutos cada día a aprender de memoria el versículo clave de esta semana.

VERSÍCULO CLAVE: «No se angustien. Confíen en Dios, y confíen también en mí. En el hogar de mi Padre hay muchas viviendas; si no fuera así, ya se lo habría dicho a ustedes. Voy a prepararles un lugar» (Juan 14.1–2).

Recita la idea clave de esta semana en voz alta. Mientras lo haces, formúlate la pregunta: «¿Refleja mi vida esta afirmación?».

IDEA CLAVE: Creo que hay un cielo y un infierno, y que Jesús regresará para juzgar a todas las personas y establecer su reino eterno.

Responde las siguientes preguntas para que te ayuden a aplicar la idea clave de esta semana a tu propia vida.

1. ¿Qué conductas te ayudan a reconocer a alguien que cree que Jesús regresará para juzgar a todas las personas y establecer su reino eterno?

2. ¿Qué, si hay algo, te obstaculiza para creer en la vida después de la muerte?

3. ¿Qué es algo que puedes hacer esta semana para demostrar esta creencia?

Reunión de grupo

¡Bienvenida!

Bienvenido a la Sesión 10 de *Creer*. Si hay miembros nuevos en el grupo, dediquen un momento a presentarse los unos a los otros. Luego pasen algunos minutos compartiendo opiniones o preguntas acerca del estudio personal de esta sesión. ¡Ahora comienza el vídeo!

NOTAS DE LA ENSEÑANZA DEL VÍDEO

A medida que ves el segmento en vídeo para la Sesión 10, usa el siguiente bosquejo a fin de anotar algunos de los puntos principales. (Las respuestas se encuentran al final de la sesión.)

- Pregunta clave: ¿Qué sucede _____?

- Idea clave: Creo que hay un cielo y un infierno, y que Jesús regresará para juzgar a todas las personas y establecer su reino _____.

- 2 Reyes 2.1: «Cuando se acercaba la hora en que el SEÑOR se llevaría a Elías al _____ en un torbellino, Elías y Eliseo salieron de Guilgal».

- Cuando nuestro cuerpo da su último aliento, nuestro espíritu sale del cuerpo y va a uno de dos lugares: el _____ o el _____.

- Versículo clave: «No se angustien. Confíen en Dios, y confíen también en mí. En el hogar de mi Padre hay muchas viviendas; si no fuera así, ya se lo habría dicho a ustedes. Voy a prepararles un _____» (Juan 14.1–2).

- (Aplicación clave) Vivamos con _____ cada día, independientemente de las circunstancias que nos rodean. La vida puede mejorar aquí, pero incluso si no lo hace, el hogar eterno nos espera.

- (Aplicación clave) Amemos a las personas con libertad y valentía, porque nuestro futuro está _____ en él.

- (Aplicación clave) Guiemos a más personas a una relación con Cristo, porque queremos _____ esta gran esperanza con los demás.

PARA COMENZAR

Comienza tu discusión recitando el versículo clave y la idea clave juntos como grupo.
En tu primer intento, usa tus notas si necesitas ayuda. En tu segundo intento, trata de
decirlos completamente de memoria.

VERSÍCULO CLAVE: «No se angustien. Confíen en Dios, y confíen también en mí. En el hogar de mi Padre hay muchas viviendas; si no fuera así, ya se lo habría dicho a ustedes. Voy a prepararles un lugar» (Juan 14.1–2).

IDEA CLAVE: Creo que hay un cielo y un infierno, y que Jesús regresará para juzgar a todas las personas y establecer su reino eterno.

DISCUSIÓN DE GRUPO

Como grupo, hablen de sus pensamientos y sentimientos acerca de las siguientes
declaraciones. ¿Qué afirmaciones son fáciles de enunciar con certeza? ¿Cuáles son más
desafiantes y por qué?

- Creo que es importante compartir el evangelio con mi prójimo, porque Cristo me ha mandado a hacerlo.
- Creo que las personas que rechazan deliberadamente a Jesucristo como Salvador no heredarán la vida eterna.
- Creo que cada persona está sujeta al juicio de Dios.
- Creo que todas las personas que ponen su confianza en Jesucristo pasarán la eternidad en el cielo.

Basándote en la dinámica de tu grupo y su madurez espiritual, elige las 2–3 preguntas
que conducirán a la mejor discusión acerca de la idea clave de esta semana.

1. Describe el momento en que fuiste consciente de tu mortalidad y meditaste en lo que sucedería después de tu muerte.

2. ¿Qué te produce esperanza acerca del cielo? ¿Qué te produce incertidumbre? ¿Qué te causa libertad?

3. ¿Qué aspectos acerca de la vida, muerte y resurrección de Jesús te guiaron a poner tu fe en él?

4. ¿Cómo afecta tener un futuro asegurado en el cielo el modo en que vives tu vida en el presente?

Lee 1 Corintios 15.1–28, 35–58 (ver la sección «La resurrección» en Creer) *y escoge 1–2 preguntas que conducirán a la mejor discusión en tu grupo.*

1. ¿Qué te dice este pasaje sobre el carácter de Dios, la naturaleza humana y tú mismo?

2. ¿En qué punto entendiste que tu corazón era malvado y necesitabas desesperadamente a un Salvador? ¿Quién fue la persona o las personas que te guiaron hacia una relación con Jesucristo? ¿Cómo lo hicieron?

3. ¿Hay alguien en tu vida (familia, amigo o vecino) cuyo futuro no esté asegurado en el poder Salvador de Jesús? Si es así, ¿qué está evitando que le hables al respecto?

CASO DE ESTUDIO

Usa el siguiente caso de estudio como modelo para una situación de la vida real en la que pudieras poner en práctica la idea clave de esta semana.

El hermano de tu vecina resultó trágicamente muerto en un reciente accidente de tráfico. Raquel siempre ha sido una gran vecina y una buena amiga. Para mostrarle tus condolencias, te detienes en su casa, le dices palabras compasivas y le llevas un ramo de flores. Nunca antes han hablado de religión, pero este accidente le ha sacudido. Ella te pregunta: «¿Qué crees que sucede después de morir?».

Usando las aplicaciones clave de esta sesión, ¿cómo responderías la pregunta de Raquel? (Si es necesario, consulta tus notas del vídeo para recordar las aplicaciones clave de esta sesión.)

ORACIÓN FINAL

Concluyan el tiempo juntos con oración. Compartan sus peticiones de oración unos con otros. Pídele a Dios que los ayude a poner en práctica la idea clave de esta semana.

DIARIO

Si tu iglesia está realizando la campaña *Creer* a nivel general, lleva contigo esta guía de estudio a la iglesia y utiliza el siguiente espacio para tomar notas sobre el mensaje del pastor o el maestro. Si tu iglesia proporciona un bosquejo, piensa en guardarlo con esta guía para así tener todas tus notas y pensamientos del diario *Creer* en un solo lugar.

RESPUESTAS DE LAS NOTAS DEL VÍDEO

después / eterno / cielo / cielo, infierno / lugar / esperanza / asegurado / compartir

Adoración

Estudio personal

La semana pasada examinaste tus creencias sobre la eternidad. Quizá fuiste desafiado a compartir tu fe con alguien que está lejos de Dios. Esta semana antes de la reunión de tu grupo, lee *Creer, sesión 11: Adoración*. Luego, toma algún tiempo a fin de preparar tu corazón para las lecciones que Dios quiere enseñarte.

LECTURA

Lee Creer, sesión 11: Adoración *y responde las siguientes preguntas.*

1. ¿Qué nos dice el pasaje de Salmos 95 acerca de cómo y por qué debemos adorar a Dios?

2. Mientras lees el pasaje de Mateo 23, considera esta cuestión: ¿con qué conductas y actitudes de los fariseos Jesús se mostró en desacuerdo? (Sugerencia: Jesús introdujo cada una con las palabras «¡Ay de ustedes...!».)

3. ¿Qué efecto tuvo la adoración valiente de Daniel en el incrédulo rey Darío? ¿Cómo piensas que nuestra adoración en los días modernos podría tener el mismo efecto?

4. ¿Por qué piensas que Dios desea que lo adoremos cuando nos encontramos en una situación difícil? ¿Cuándo fue la última vez que adoraste a Dios cuando en el momento no tenía sentido que lo hicieras?

5. De acuerdo al apóstol Pablo, ¿cuál fue un aspecto importante de la adoración en el Nuevo Testamento? ¿Qué actitudes y acciones conforman una adoración apropiada?

EVALUACIÓN

Basándote en tu lectura de Creer, *sesión 11: Adoración, evalúa tu nivel de confianza en las afirmaciones siguientes utilizando una escala de 1–6 (1 = nada de confianza, 6 = certeza completa).*

_____ Doy gracias a Dios diariamente por quién es él y lo que está haciendo en mi vida.

_____ Asisto a los servicios religiosos y adoro con otros creyentes cada semana.

_____ Le doy a Dios el mérito de todo lo que soy y todo lo que poseo.

_____ No me avergüenza que otros sepan que adoro a Dios.

PASO DE ACCIÓN

Memorizar las Escrituras es una valiosa disciplina que todos los creyentes deben ejercitar. Dedica unos minutos cada día a aprender de memoria el versículo clave de esta semana.

VERSÍCULO CLAVE: «Vengan, cantemos con júbilo al Señor; aclamemos a la roca de nuestra salvación. Lleguemos ante él con acción de gracias, aclamémoslo con cánticos» (Salmos 95.1-2).

Recita la idea clave de esta semana en voz alta. Mientras lo haces, formúlate la pregunta: «¿Refleja mi vida esta afirmación?».

IDEA CLAVE: Adoro a Dios por quién es él y lo que ha hecho por mí.

Responde las siguientes preguntas para que te ayuden a aplicar la idea clave de esta semana a tu propia vida.

1. ¿Cómo se expresaría en tu vida esta práctica?

2. ¿Qué atributos visibles pueden encontrarse en alguien comprometido con la práctica de la adoración?

3. ¿Qué está impidiendo tu habilidad para hacer de la adoración parte de tu actividad diaria? ¿Cómo puedes vencer esos obstáculos?

4. ¿Qué paso de acción puedes dar esta semana para darle a Dios más honor y alabanza?

Reunión de grupo

¡Bienvenida!

Bienvenido a la Sesión 11 de *Creer*. Si hay miembros nuevos en el grupo, dediquen un momento a presentarse los unos a los otros. Luego pasen algunos minutos compartiendo opiniones o preguntas acerca del estudio personal de esta sesión. ¡Ahora comienza el vídeo!

NOTAS DE LA ENSEÑANZA DEL VÍDEO

A medida que ves el segmento en vídeo para la Sesión 11, usa el siguiente bosquejo a fin de anotar algunos de los puntos principales. (Las respuestas se encuentran al final de la sesión.)

- Pregunta clave: ¿Cómo honro a Dios del modo en que se _____?

- Idea clave: Adoro a Dios por _____ él es y lo que ha _____ por mí.

- Versículo clave: «Vengan, cantemos con júbilo al SEÑOR; aclamemos a la roca de nuestra salvación. Lleguemos ante él con _____, aclamémoslo con cánticos» (Salmos 95.1-2).

- (Aplicación clave) Yo _____ reconozco a Dios por quién él es y lo que ha hecho por mí.

- (Aplicación clave) Yo adoro a Dios, _____ y _____, con los cantos que canto, las palabras que hablo y el modo en que vivo mi vida.

- (Aplicación clave) Cuando le atribuyo _____ a Dios como su hijo, se me atribuye a mí una valía inmerecida.

PARA COMENZAR

Comienza tu discusión recitando el versículo clave y la idea clave juntos como grupo. En tu primer intento, usa tus notas si necesitas ayuda. En tu segundo intento, trata de decirlos completamente de memoria.

VERSÍCULO CLAVE: «Vengan, cantemos con júbilo al Señor; aclamemos a la roca de nuestra salvación. Lleguemos ante él con acción de gracias, aclamémoslo con cánticos» (Salmos 95.1-2).

IDEA CLAVE: Adoro a Dios por quién él es y lo que ha hecho por mí.

DISCUSIÓN DE GRUPO

Como grupo, hablen de sus pensamientos y sentimientos acerca de las siguientes declaraciones. ¿Qué afirmaciones son fáciles de enunciar con certeza? ¿Cuáles son más desafiantes y por qué?

- Doy gracias a Dios diariamente por quién él es y lo que está haciendo en mi vida.
- Asisto a los servicios religiosos y adoro con otros creyentes cada semana.
- Le doy a Dios el mérito de todo lo que soy y todo lo que poseo.
- No me avergüenza que otros sepan que adoro a Dios.

Basándote en la dinámica de tu grupo y su madurez espiritual, elige las 2–3 preguntas que conducirán a la mejor discusión acerca de la idea clave de esta semana.

1. Como grupo, hagan una lista de las diferentes maneras en que puede expresarse la adoración a Dios.

2. ¿Qué aspectos del carácter de Dios te impulsan a darle adoración?

3. Habla acerca de qué letras de cantos de adoración describen mejor tus pensamientos y sentimientos sobre Dios.

4. ¿De qué diversas maneras ves que los miembros de tu grupo expresan su adoración a Dios?

Lee Mateo 23.1–28 (ver la sección «La intención del corazón» en Creer*) y escoge 1–2 preguntas que conducirán a la mejor discusión en tu grupo.*

1. ¿De qué manera puede la adoración convertirse en un ritual insensible?

2. ¿Qué podemos aprender de la represión de Jesús a los fariseos? ¿Cómo evitamos que nosotros mismos cometamos ese error?

3. ¿Qué ha hecho Dios en tu vida que produjo un deseo de adorarlo?

CASO DE ESTUDIO

Usa el siguiente caso de estudio como modelo para una situación de la vida real en la que pudieras poner en práctica la idea clave de esta semana.

Entablaste una amistad con Tiago hace tres años, cuando los hijos de ambos comenzaron a jugar al fútbol juntos. Mientras animan a los muchachos, sus conversaciones con frecuencia conducen a temas serios, como la fe, la política y el fútbol universitario. Él se describe a sí mismo como una persona espiritual, pero que mantiene en privado sus creencias. Ocasionalmente dice: «Nunca he sentido la necesidad de hacer pública mi fe. ¿De qué sirve?».

Usando las aplicaciones clave de esta sesión, ¿qué podrías decir o hacer para ayudar a Tiago? (Si es necesario, consulta tus notas del vídeo para recordar las aplicaciones clave de esta sesión.)

96 | C R E E R Guía de estudio

ORACIÓN FINAL

Concluyan el tiempo juntos con oración. Compartan sus peticiones de oración unos con otros. Pídele a Dios que los ayude a poner en práctica la idea clave de esta semana.

DIARIO

Si tu iglesia está realizando la campaña *Creer* a nivel general, lleva contigo esta guía de estudio a la iglesia y utiliza el siguiente espacio para tomar notas sobre el mensaje del pastor o el maestro. Si tu iglesia proporciona un bosquejo, piensa en guardarlo con esta guía para así tener todas tus notas y pensamientos del diario *Creer* en un solo lugar.

RESPUESTAS DE LAS NOTAS DEL VÍDEO

merece / quién, hecho / acción de gracias / diariamente / en privado, colectivamente / valía

Oración

Estudio personal

La semana pasada examinaste la práctica de la adoración. Quizá tu definición de adoración se vio extendida y mejorada. Esta semana antes de la reunión de tu grupo, lee *Creer, sesión 12: Oración*. Luego, dedica algún tiempo a permitir que las Escrituras desafíen tus pensamientos acerca de la comunicación con Dios.

LECTURA

Lee Creer, sesión 12: Oración *y responde las siguientes preguntas.*

1. Nota cómo Jesús oró antes y después de cada suceso importante de su vida. ¿Qué podemos aprender de este ejemplo de oración que Jesús demostró a lo largo de su vida terrenal?

2. ¿Qué podemos aprender acerca de la oración por medio del salmista y Salomón?

3. ¿Qué nos enseñan las interacciones de Gedeón con el Señor acerca del carácter de Dios?

4. En el pasaje de Lucas 11, ¿cuáles son los puntos principales de la enseñanza de Jesús sobre la oración?

5. ¿Cómo te alientan las palabras de Pablo acerca de la oración? ¿Cómo te desafían?

EVALUACIÓN

Basándote en tu lectura de Creer, *sesión 12: Oración, evalúa tu nivel de confianza en las afirmaciones siguientes utilizando una escala de 1–6 (1 = nada de confianza, 6 = certeza completa).*

_____ Busco la voluntad de Dios mediante la oración.

_____ Regularmente le confieso mis pecados a Dios.

_____ La oración es una parte central de mi vida diaria.

_____ Busco acercarme más a Dios al escucharlo más en oración.

PASO DE ACCIÓN

Memorizar las Escrituras es una valiosa disciplina que todos los creyentes deben ejercitar. Dedica unos minutos cada día a aprender de memoria el versículo clave de esta semana.

VERSÍCULO CLAVE: «Si en mi corazón hubiera yo abrigado maldad, el Señor no me habría escuchado; pero Dios sí me ha escuchado, ha atendido a la voz de mi plegaria. ¡Bendito sea Dios, que no rechazó mi plegaria ni me negó su amor!» (Salmos 66.18–20).

Recita la idea clave de esta semana en voz alta. Mientras lo haces, formúlate la pregunta: «¿Refleja mi vida esta afirmación?».

IDEA CLAVE: Oro a Dios para conocerlo, encontrar dirección para mi vida y exponer mis peticiones delante de él.

Responde las siguientes preguntas para que te ayuden a aplicar la idea clave de esta semana a tu propia vida.

1. ¿Cómo podría esta práctica ser aplicada a tu vida?

2. ¿Qué atributos visibles pueden encontrarse en alguien que regularmente se conecta con Dios mediante la oración?

3. ¿Qué está impidiendo tu habilidad para comunicarte con Dios? ¿Cómo puedes vencer esos obstáculos?

4. ¿Qué paso de acción puedes dar esta semana para desarrollar una conexión con Dios mediante la oración?

Reunión de grupo

¡Bienvenida!

Bienvenido a la Sesión 12 de *Creer*. Si hay miembros nuevos en el grupo, dediquen un momento a presentarse los unos a los otros. Luego pasen algunos minutos compartiendo opiniones o preguntas acerca del estudio personal de esta sesión. ¡Ahora comienza el vídeo!

—— NOTAS DE LA ENSEÑANZA DEL VÍDEO ——

A medida que ves el segmento en vídeo para la Sesión 12, usa el siguiente bosquejo a fin de anotar algunos de los puntos principales. (Las respuestas se encuentran al final de la sesión.)

- Pregunta clave: ¿Cómo crezco al _____ con Dios?

- Idea clave: Oro a Dios para _____, _____ dirección para mi vida y _____ mis peticiones delante de él.

- «Observa a _____ y después simplemente haz lo que él hace».

- Es completamente _____ que pongamos nuestras peticiones delante de Dios.

- Como Jesús, deberíamos buscar _____ nuestra vida con la voluntad de Dios, no pedirle a Dios que alinee su vida con nuestra voluntad.

- Versículo clave: «Si en mi corazón hubiera yo abrigado maldad, el Señor no me habría escuchado, pero Dios sí me ha escuchado, ha atendido a la voz de mi plegaria. ¡Bendito sea Dios, que no rechazó mi _____ ni me negó su amor!» (Salmos 66.18–20).

- (Aplicación clave) _____ para alinear mi vida con la voluntad de Dios.

- (Aplicación clave) Oro para dejar mis _____ delante de Dios y encontrar paz.

- (Aplicación clave) No tomaré ninguna decisión importante en mi vida sin _____ a Dios mediante la oración.

PARA COMENZAR

Comienza tu discusión recitando el versículo clave y la idea clave juntos como grupo. En tu primer intento, usa tus notas si necesitas ayuda. En tu segundo intento, trata de decirlos completamente de memoria.

VERSÍCULO CLAVE: «Si en mi corazón hubiera yo abrigado maldad, el Señor no me habría escuchado; pero Dios sí me ha escuchado, ha atendido a la voz de mi plegaria. ¡Bendito sea Dios, que no rechazó mi plegaria ni me negó su amor!» (Salmos 66.18–20).

IDEA CLAVE: Oro a Dios para conocerlo, encontrar dirección para mi vida y exponer mis peticiones delante de él.

DISCUSIÓN DE GRUPO

Como grupo, hablen de sus pensamientos y sentimientos acerca de las siguientes declaraciones. ¿Qué afirmaciones son fáciles de enunciar con certeza? ¿Cuáles son más desafiantes y por qué?

- Busco la voluntad de Dios mediante la oración.
- Regularmente le confieso mis pecados a Dios.
- La oración es una parte central de mi vida diaria.
- Busco acercarme más a Dios al escucharlo más en oración.

Basándote en la dinámica de tu grupo y su madurez espiritual, elige las 2–3 preguntas que conducirán a la mejor discusión acerca de la idea clave de esta semana.

1. ¿Qué aspecto de la oración te resulta más desafiante? ¿Y útil? ¿Y satisfactorio?

2. ¿Cómo te ha ayudado el acto de orar a conocer y entender mejor a Dios?

3. ¿De qué maneras has visto y experimentado el poder de la oración en acción?

4. Como grupo, describan las diferentes maneras en que han visto a Dios responder peticiones de oración concretas.

Lee Marcos 1.32–35, Lucas 6.12–16 y Mateo 26.36–39 (ver la sección «La vida de oración modelo» en Creer) *y escoge 1–2 preguntas que conducirán a la mejor discusión en tu grupo.*

1. ¿Qué te inspira concretamente cuando examinas la dependencia que tenía Jesús de la oración incesante, su confianza en ella y su compromiso?

2. ¿De qué maneras te ha ayudado la oración a atravesar las decisiones difíciles que la vida nos lanza?

3. ¿Cuál es un aspecto de la vida de oración de Jesús que te gustaría imitar?

CASO DE ESTUDIO

Usa el siguiente caso de estudio como modelo para una situación de la vida real en la que pudieras poner en práctica la idea clave de esta semana.

A Gabe le han ofrecido la oportunidad de unirse a una emocionante empresa que está empezando. Su trabajo actual recibe buena remuneración y le proporciona grandes beneficios, pero ha resultado aburrido y poco inspirador por las tareas tan triviales que realiza. Esta nueva oportunidad podría darle la emoción y la creatividad que él ha estado deseando encontrar, pero implica un importante riesgo financiero.

Usando las aplicaciones clave de esta sesión, ¿qué podrías decir o hacer para ayudar a Gabe? (Si es necesario, consulta tus notas del vídeo para recordar las aplicaciones clave de esta sesión.)

ORACIÓN FINAL

Concluyan el tiempo juntos con oración. Compartan sus peticiones de oración unos con otros. Pídele a Dios que los ayude a poner en práctica la idea clave de esta semana.

DIARIO

Si tu iglesia está realizando la campaña *Creer* a nivel general, lleva contigo esta guía de estudio a la iglesia y utiliza el siguiente espacio para tomar notas sobre el mensaje del pastor o el maestro. Si tu iglesia proporciona un bosquejo, piensa en guardarlo con esta guía para así tener todas tus notas y pensamientos del diario *Creer* en un solo lugar.

RESPUESTAS DE LAS NOTAS DEL VÍDEO

comunicarme / conocerle, encontrar, exponer / Jesús / aceptable / alinear / plegaria / Oro / cargas / buscar

Estudio bíblico

Estudio personal

La semana pasada examinaste la práctica de la oración. Quizá fuiste desafiado a buscar la dirección y la sabiduría de Dios comunicándote más frecuentemente con él. Esta semana, antes de la reunión de tu grupo, lee *Creer, sesión 13: Estudio bíblico*. Luego, dedica algún tiempo a permitir que Dios te hable mediante esta sesión.

LECTURA

Lee Creer, sesión 13: Estudio bíblico *y responde las siguientes preguntas.*

1. Nehemías 7–9 es un relato conmovedor del retorno de Israel a la Palabra de Dios. A la luz de esto y tus propias experiencias, ¿cuáles son los beneficios de estudiar la Palabra de Dios en comunidad?

2. ¿Cuál es la diferencia entre estudiar la Palabra de Dios y atesorarla en nuestros corazones?

3. Jesús se refirió a cuatro tipos de terrenos en los cuales puede caer la Palabra de Dios. ¿Cuál de ellos te describe mejor en este preciso momento? ¿Hubo alguna ocasión en la que podrías haber respondido de forma diferente?

4. Mientras lees los pasajes de Juan 14 y 1 Corintios 2, busca formas en las que el Espíritu Santo nos ayuda a comprender las Escrituras.

5. Reflexiona en el versículo clave que aparece al principio de esta sección. De acuerdo al autor, la Palabra de Dios es como una espada de dos filos, penetra nuestra piel y le habla a nuestro corazón. ¿De qué maneras has experimentado esto?

EVALUACIÓN

Basándote en tu lectura de Creer, *sesión 13: Estudio bíblico, evalúa tu nivel de confianza en las afirmaciones siguientes utilizando una escala de 1–6 (1 = nada de confianza, 6 = certeza completa).*

_____ Leo la Biblia diariamente.

_____ Estudio con regularidad la Biblia a fin de encontrar dirección para mi vida.

_____ Busco ser obediente a Dios aplicando la verdad de la Biblia a mi vida.

_____ Tengo una buena comprensión de los contenidos de la Biblia.

PASO DE ACCIÓN

Memorizar las Escrituras es una valiosa disciplina que todos los creyentes deben ejercitar. Dedica unos minutos cada día a aprender de memoria el versículo clave de esta semana.

VERSÍCULO CLAVE: «Ciertamente, la palabra de Dios es viva y poderosa, y más cortante que cualquier espada de dos filos. Penetra hasta lo más profundo del alma y del espíritu, hasta la médula de los huesos, y juzga los pensamientos y las intenciones del corazón» (Hebreos 4.12).

Recita la idea clave de esta semana en voz alta. Mientras lo haces, formúlate la pregunta: «¿Refleja mi vida esta afirmación?».

IDEA CLAVE: Estudio la Biblia a fin de conocer a Dios y su verdad y encontrar dirección para mi vida cotidiana.

Responde las siguientes preguntas para que te ayuden a aplicar la idea clave de esta semana a tu propia vida.

1. ¿Cómo podría esta práctica expresarse en tu vida?

2. ¿Qué atributos visibles pueden encontrarse en alguien que participa regularmente en el estudio bíblico?

3. ¿Qué está impidiendo tu habilidad para participar regularmente en el estudio bíblico? ¿Cómo puedes vencer ese obstáculo?

4. ¿Qué paso de acción puedes dar esta semana para hacer que el estudio bíblico constituya una parte más importante de tu vida diaria?

Reunión de grupo

¡Bienvenida!

Bienvenido a la Sesión 13 de *Creer*. Si hay miembros nuevos en el grupo, dediquen un momento a presentarse los unos a los otros. Luego pasen algunos minutos compartiendo opiniones o preguntas acerca del estudio personal de esta sesión. ¡Ahora comienza el vídeo!

NOTAS DE LA ENSEÑANZA DEL VÍDEO

A medida que ves el segmento en vídeo para la Sesión 13, usa el siguiente bosquejo a fin de anotar algunos de los puntos principales. (Las respuestas se encuentran al final de la sesión.)

- Pregunta clave: ¿ _____ estudio la Palabra de Dios?

- Idea clave: Estudio la Biblia a fin de _____ a Dios y su _____ y encontrar _____ para mi vida cotidiana.

- Mateo 13.9: «El que tenga oídos, que_____».

- Versículo clave: «Ciertamente, la palabra de Dios es viva y poderosa, y más cortante que cualquier espada de dos filos. Penetra hasta lo más profundo del alma y del espíritu, hasta la médula de los huesos, y juzga los pensamientos y las _____ del corazón» (Hebreos 4.12).

- La Biblia puede interiorizarse si el _____ está dispuesto a recibirla.

- (Aplicación clave) Mantén tu corazón suave y _____ a la Palabra de Dios.

- (Aplicación clave) Entiende la _____ única de la Biblia.

- (Aplicación clave) Estudia la Palabra de Dios en_____.

- (Aplicación clave) _____ la Palabra de Dios.

PARA COMENZAR

Comienza tu discusión recitando el versículo clave y la idea clave juntos como grupo.
En tu primer intento, usa tus notas si necesitas ayuda. En tu segundo intento, trata de
decirlos completamente de memoria.

VERSÍCULO CLAVE: «Ciertamente, la palabra de Dios es viva y poderosa, y más cortante que cualquier espada de dos filos. Penetra hasta lo más profundo del alma y del espíritu, hasta la médula de los huesos, y juzga los pensamientos y las intenciones del corazón» (Hebreos 4.12).

IDEA CLAVE: Estudio la Biblia a fin de conocer a Dios y su verdad y encontrar dirección para mi vida cotidiana.

DISCUSIÓN DE GRUPO

Como grupo, hablen de sus pensamientos y sentimientos acerca de las siguientes
declaraciones. ¿Qué afirmaciones son fáciles de enunciar con certeza? ¿Cuáles son más
desafiantes y por qué?

- Leo la Biblia diariamente.
- Estudio con regularidad la Biblia a fin de encontrar dirección para mi vida.
- Busco ser obediente a Dios aplicando la verdad de la Biblia a mi vida.
- Tengo una buena comprensión de los contenidos de la Biblia.

Basándote en la dinámica de tu grupo y su madurez espiritual, elige las 2–3 preguntas
que conducirán a la mejor discusión acerca de la idea clave de esta semana.

1. Como grupo, hagan una lista de razones o motivaciones que alguien podía tener para estudiar la Biblia. Hablen de qué razones son más convincentes.

2. ¿Qué obstáculos normalmente evitan que una persona practique el estudio regular de la Biblia? Hablen de maneras de vencer esos desafíos.

3. ¿De qué maneras ha demostrado la Biblia ser una guía confiable para lidiar con las decisiones en tu vida?

4. Muchas herramientas, como los devocionales, comentarios, planes de lectura, etc., pueden ayudar a las personas a obtener lo máximo de su lectura de la Biblia. Como grupo, hablen de algunas de las herramientas que les han resultado útiles.

Lee Salmos 119.9–24 (ver la sección «El mapa de ruta para vivir» en Creer*) y escoge 1–2 preguntas que conducirán a la mejor discusión en tu grupo.*

1. ¿Cuáles son algunas maneras prácticas de «atesorar la palabra de Dios en tu corazón»?

2. ¿De qué maneras ha sido la Palabra de Dios una «lámpara a tus pies y una luz en tu sendero»?

3. El salmista declara que él ama las leyes y los preceptos de Dios. ¿Por qué crees que se siente de esa manera?

CASO DE ESTUDIO

Usa el siguiente caso de estudio como modelo para una situación de la vida real en la que pudieras poner en práctica la idea clave de esta semana.

Parker es un universitario prometedor: inteligente, talentoso y encantador. Desgraciadamente, su naturaleza libre y compulsiva lo lleva con frecuencia a tomar decisiones tontas. Ahora que está entrando en la edad adulta, las consecuencias de sus actos se han vuelto más severas.

Creció asistiendo a la iglesia, pero confiesa que nunca ha estado comprometido con la lectura de la Biblia personalmente. Debido a que te considera un modelo a seguir, te pregunta: «¿Puedes ayudarme? No sé lo que necesito para encarrilar mi vida, pero sé que lo que estoy haciendo no está funcionando».

Usando las aplicaciones clave de esta sesión, ¿qué podrías decir o hacer para ayudar a Parker a encontrar la dirección que está buscando en la vida? (Si es necesario, consulta tus notas del vídeo para recordar las aplicaciones clave de esta sesión.)

ORACIÓN FINAL

Concluyan el tiempo juntos con oración. Compartan sus peticiones de oración unos con otros. Pídele a Dios que los ayude a poner en práctica la idea clave de esta semana.

DIARIO

Si tu iglesia está realizando la campaña *Creer* a nivel general, lleva contigo esta guía de estudio a la iglesia y utiliza el siguiente espacio para tomar notas sobre el mensaje del pastor o el maestro. Si tu iglesia proporciona un bosquejo, piensa en guardarlo con esta guía para así tener todas tus notas y pensamientos del diario *Creer* en un solo lugar.

RESPUESTAS DE LAS NOTAS DEL VÍDEO

Cómo / conocer, verdad, dirección / oiga / intenciones / corazón / receptivo / historia / comunidad / Memoriza

Enfoque

Estudio personal

La semana pasada examinaste tu compromiso con la práctica del estudio bíblico. Quizá aprendiste algo sobre ti mismo o acerca de la Palabra de Dios que era nuevo para ti. Esta semana antes de la reunión de tu grupo, lee *Creer, sesión 14: Enfoque*. Luego, pasa algún tiempo permitiendo que las Escrituras se afiancen en tu corazón. Evalúa tus pensamientos sobre cómo está Dios obrando en tu vida diaria.

LECTURA

Lee Creer, sesión 14: Enfoque *y responde las siguientes preguntas.*

1. Mientras lees el pasaje de Deuteronomio 6, busca qué fue lo que Dios les prometió a los israelitas si obedecían el primer mandamiento y mantenían el pacto con él.

2. ¿Qué tipos de tesoros nos impiden mantenernos enfocados? ¿Cómo puede una «visión nublada» evitar que permanezcamos enfocados? ¿Por qué resulta imposible servir a dos señores?

3. En el pasaje de 2 Crónicas 20, identifica las creencias clave en las cuales Josafat fundamenta su oración. ¿Cómo pueden esas creencias darnos confianza y guiar nuestras decisiones?

4. ¿Puedes mencionar algunas de las cosas que te distraen de poner a Dios primero en tu vida? ¿Qué puedes hacer para permanecer más enfocado en Dios?

5. Pablo escribe: «Y todo lo que hagan, de palabra o de obra, háganlo en el nombre del Señor Jesús». ¿Qué significa este consejo para ti? ¿Cambia esto la forma en que priorizas las cosas en tu vida?

EVALUACIÓN

Basándote en tu lectura de Creer, *sesión 14: Enfoque, evalúa tu nivel de confianza en las afirmaciones siguientes utilizando una escala de 1–6 (1 = nada de confianza, 6 = certeza completa).*

_____ Deseo que Jesucristo sea lo primero en mi vida.

_____ Veo cada aspecto de mi vida y mi trabajo como un servicio a Dios.

_____ Paso tiempo cada día leyendo la Palabra de Dios y orando.

_____ Valoro un estilo de vida sencillo por encima de otro lleno de actividades y posesiones materiales.

PASO DE ACCIÓN

Memorizar las Escrituras es una valiosa disciplina que todos los creyentes deben ejercitar. Dedica unos minutos cada día a aprender de memoria el versículo clave de esta semana.

VERSÍCULO CLAVE: «Más bien, busquen primeramente el reino de Dios y su justicia, y todas estas cosas les serán añadidas» (Mateo 6.33).

Recita la idea clave de esta semana en voz alta. Mientras lo haces, formúlate la pregunta: «¿Refleja mi vida esta afirmación?».

IDEA CLAVE: Me enfoco en Dios y sus prioridades para mi vida.

Responde las siguientes preguntas para que te ayuden a aplicar la idea clave de esta semana a tu propia vida.

1. ¿Cómo se expresaría en tu vida esta práctica?

2. ¿Qué atributos visibles pueden encontrarse en alguien que practica el enfoque?

3. ¿Qué está impidiendo tu habilidad para vivir enfocado? ¿Cómo puedes vencer este obstáculo?

4. ¿Qué paso de acción puedes dar esta semana para aumentar tu conciencia de la participación de Dios en tu vida diaria?

Reunión de grupo

¡Bienvenida!

Bienvenido a la Sesión 14 de *Creer*. Si hay miembros nuevos en el grupo, dediquen un momento a presentarse los unos a los otros. Luego pasen algunos minutos compartiendo opiniones o preguntas acerca del estudio personal de esta sesión. ¡Ahora comienza el vídeo!

NOTAS DE LA ENSEÑANZA DEL VÍDEO

A medida que ves el segmento en vídeo para la Sesión 14, usa el siguiente bosquejo a fin de anotar algunos de los puntos principales. (Las respuestas se encuentran al final de la sesión.)

- Pregunta clave: ¿Cómo mantengo mi _____ en Jesús en medio de la distracción?

- Idea clave: Me enfoco en Dios y sus _____ para mi vida.

- Versículo clave: «Más bien, _____ primeramente el reino de Dios y su justicia, y todas estas cosas les serán añadidas» (Mateo 6.33).

- (Aplicación clave) Preséntales _____ tu calendario y tus decisiones a Dios para obtener dirección.

- (Aplicación clave) Toma decisiones basadas en los _____ cristianos.

- (Aplicación clave) Intenta poner en práctica el calendario del día _____.

- (Aplicación clave) Aprende a decirle «no» a las cosas que _____ hacer.

PARA COMENZAR

Comienza tu discusión recitando el versículo clave y la idea clave juntos como grupo. En tu primer intento, usa tus notas si necesitas ayuda. En tu segundo intento, trata de decirlos completamente de memoria.

VERSÍCULO CLAVE: «Más bien, busquen primeramente el reino de Dios y su justicia, y todas estas cosas les serán añadidas» (Mateo 6.33).

IDEA CLAVE: Me enfoco en Dios y sus prioridades para mi vida.

DISCUSIÓN DE GRUPO

Como grupo, hablen de sus pensamientos y sentimientos acerca de las siguientes declaraciones. ¿Qué afirmaciones son fáciles de enunciar con certeza? ¿Cuáles son más desafiantes y por qué?

- Deseo que Jesucristo sea lo primero en mi vida.
- Veo cada aspecto de mi vida y mi trabajo como un servicio a Dios.
- Paso tiempo cada día leyendo la Palabra de Dios y orando.
- Valoro un estilo de vida sencillo por encima de otro lleno de actividades y posesiones materiales.

Basándote en la dinámica de tu grupo y su madurez espiritual, elige las 2–3 preguntas que conducirán a la mejor discusión acerca de la idea clave de esta semana.

1. Muchas personas se ven tentadas a compartimentar su fe en lugar de permitirle a Dios que influencie cada aspecto de su vida. Hablen de algunas de las razones para esto.

2. ¿De qué maneras puede el materialismo ser enemigo del enfoque?

3. ¿Qué área de tu vida (relaciones, finanzas, trabajo, familia, etc.) es más difícil de someter a la voluntad y la dirección de Dios?

4. ¿Cómo has experimentado los beneficios del enfoque?

Lee Mateo 6.19–24 (ver la sección «Principios de enfoque» en Creer) y escoge 1–2 preguntas que conducirán a la mejor discusión en tu grupo.

1. ¿Cómo ha bendecido tu trabajo, tus relaciones, familia y finanzas el hecho de buscar primero el reino de Dios?

2. Hablen de por qué resulta tentador acumular tesoros en la tierra.

3. Hablen de lo que significa concretamente hacer tesoros en el cielo.

―――――――――――――― CASO DE ESTUDIO ――――――――――――――

Usa el siguiente caso de estudio como modelo para una situación de la vida real en la que pudieras poner en práctica la idea clave de esta semana.

Tu buena amiga Paty tiene un motor interno que nunca se detiene. Es madre de tres hijos, dueña de su propio negocio, presidenta de la Asociación de Padres y Maestros, y de algún modo encuentra tiempo para trabajar cinco días por semana. Invariablemente, cuando le preguntas cómo le va, la respuesta es siempre: «Ocupada». Hace muchos años, mientras participaban juntas en un estudio bíblico, hablaban con franqueza sobre sus vidas espirituales. En estos tiempos, cuando le preguntas qué Dios está haciendo en su vida, ella responde: «No mucho. Me gustaría que Dios formara más parte de mi vida, pero sencillamente ya no tengo tiempo. Apenas mantengo las cosas a flote en mi vida ahora. No sé cómo podría incluir más cosas en mi calendario».

Usando las aplicaciones clave de esta sesión, ¿qué podrías decir o hacer para ayudar a Paty? (Si es necesario, consulta tus notas del vídeo para recordar las aplicaciones clave de esta sesión.)

ORACIÓN FINAL

Concluyan el tiempo juntos con oración. Compartan sus peticiones de oración unos con otros. Pídele a Dios que los ayude a poner en práctica la idea clave de esta semana.

DIARIO

Si tu iglesia está realizando la campaña *Creer* a nivel general, lleva contigo esta guía de estudio a la iglesia y utiliza el siguiente espacio para tomar notas sobre el mensaje del pastor o el maestro. Si tu iglesia proporciona un bosquejo, piensa en guardarlo con esta guía para así tener todas tus notas y pensamientos del diario *Creer* en un solo lugar.

RESPUESTAS DE LAS NOTAS DEL VÍDEO

enfoque / prioridades / busquen / diariamente / valores / hebreo / no deberías

Rendición total

Estudio personal

La semana pasada examinaste la práctica del enfoque. Quizá aprendiste lo importante que es mantener tu enfoque solamente en Dios. Esta semana antes de la reunión de tu grupo, lee *Creer, sesión 15: Rendición total*. Luego, pasa algún tiempo permitiendo que las Escrituras se afiancen en tu corazón. Evalúa tu compromiso en cuanto a seguir al Rey de reyes a pesar de cuál sea el costo.

LECTURA

Lee Creer, sesión 15: Rendición total *y responde las siguientes preguntas.*

1. Reflexiona en el versículo clave. ¿Qué piensas que significa ofrecerse como un «sacrificio vivo»? Recordando nuestro estudio sobre la práctica de la adoración en la Sección 11, ¿por qué consideras que ofrecerse a sí mismo como un sacrificio vivo es la forma verdadera y apropiada de adorar a Dios?

2. Los primeros tres de los Diez Mandamientos rigen nuestra relación con Dios. ¿Por qué piensas que es importante tener una relación correcta con Dios para cumplir con el resto de los mandamientos divinos?

3.   ¿Qué quiso decir Jesús cuando exhortó a los discípulos a «tomar su cruz cada día»? ¿Por qué Jesús indicó que esta era una decisión sabia?

4.   Compara y contrasta la historia de Esteban con la de Sadrac, Mesac y Abednego. Compara la muerte de Esteban con la muerte de Cristo. ¿Qué detalles de cada historia ejemplifican mejor la rendición total?

5.   ¿Cuál de las historias que has leído te inspira más? ¿Por qué?

EVALUACIÓN

Basándote en tu lectura de Creer, *sesión 15: Rendición total, evalúa tu nivel de confianza en las afirmaciones siguientes utilizando una escala de 1–6 (1 = nada de confianza, 6 = certeza completa).*

_____   Estoy viviendo los propósitos de Dios para mi vida.

_____   Sirvo a Dios mediante mi trabajo diario.

_____   Regalo algunas cosas que poseo cuando soy dirigido por Dios a hacerlo.

_____   Renuncio a lo que quiero para suplir las necesidades de otros.

PASO DE ACCIÓN

Memorizar las Escrituras es una valiosa disciplina que todos los creyentes deben ejercitar. Dedica unos minutos cada día a aprender de memoria el versículo clave de esta semana.

VERSÍCULO CLAVE: «Por lo tanto, hermanos, tomando en cuenta la misericordia de Dios, les ruego que cada uno de ustedes, en adoración espiritual, ofrezca su cuerpo como sacrificio vivo, santo y agradable a Dios» (Romanos 12.1).

Recita la idea clave de esta semana en voz alta. Mientras lo haces, formúlate la pregunta: «¿Refleja mi vida esta afirmación?».

IDEA CLAVE: Dedico mi vida a los propósitos de Dios.

Responde las siguientes preguntas para que te ayuden a aplicar la idea clave de esta semana a tu propia vida.

1. ¿Cómo se expresaría en tu vida esta práctica?

2. ¿Qué atributos visibles pueden encontrarse en alguien que está totalmente rendido a Dios?

3. ¿Qué está impidiendo tu habilidad para rendir plenamente tu vida a los propósitos de Dios? ¿Cómo puedes vencer ese obstáculo?

4. ¿Qué pasos de acción puedes dar esta semana para experimentar más una vida que esté totalmente rendida a Dios?

Reunión de grupo

¡Bienvenida!

Bienvenido a la Sesión 15 de *Creer*. Si hay miembros nuevos en el grupo, dediquen un momento a presentarse los unos a los otros. Luego pasen algunos minutos compartiendo opiniones o preguntas acerca del estudio personal de esta sesión. ¡Ahora comienza el vídeo!

NOTAS DE ENSEÑANZA DEL VÍDEO

A medida que ves el segmento en vídeo para la Sesión 15, usa el siguiente bosquejo a fin de anotar algunos de los puntos principales. (Las respuestas se encuentran al final de la sesión.)

- Jesús está buscando una «fe de _____» por parte de sus seguidores.
- Mateo 16.24: «Si alguien quiere ser mi discípulo, tiene que _____ a sí mismo, tomar su cruz y seguirme».
- Creencia clave: _____ mi vida a los propósitos de Dios.
- Pregunta clave: ¿Cómo cultivo una vida de _____?
- Cada vez que uno de los discípulos de Jesús era martirizado o castigado, solamente _____ el movimiento de Cristo.
- Versículo clave: «Por lo tanto, hermanos, tomando en cuenta la misericordia de Dios, les ruego que cada uno de ustedes, en adoración espiritual _____ su cuerpo como sacrificio vivo, santo y agradable a Dios» (Romanos 12.1).
- (Aplicación clave) Recuerda constantemente el _____ que Jesús hizo por ti.
- (Aplicación clave) _____ que estás en una situación donde no hay nada que perder.

PARA COMENZAR

Comienza tu discusión recitando el versículo clave y la idea clave juntos como grupo. En tu primer intento, usa tus notas si necesitas ayuda. En tu segundo intento, trata de decirlos completamente de memoria.

VERSÍCULO CLAVE: «Por lo tanto, hermanos, tomando en cuenta la misericordia de Dios, les ruego que cada uno de ustedes, en adoración espiritual, ofrezca su cuerpo como sacrificio vivo, santo y agradable a Dios» (Romanos 12.1).

IDEA CLAVE: Dedico mi vida a los propósitos de Dios.

DISCUSIÓN DE GRUPO

Como grupo, hablen de sus pensamientos y sentimientos acerca de las siguientes declaraciones. ¿Qué afirmaciones son fáciles de enunciar con certeza? ¿Cuáles son más desafiantes y por qué?

- Estoy viviendo los propósitos de Dios para mi vida.
- Sirvo a Dios mediante mi trabajo diario.
- Regalo algunas cosas que poseo cuando soy dirigido por Dios a hacerlo.
- Renuncio a lo que quiero para suplir las necesidades de otros.

Basándote en la dinámica de tu grupo y su madurez espiritual, elige las 2–3 preguntas que conducirán a la mejor discusión acerca de la idea clave de esta semana.

1. Hablen de lo que se requiere (mental, espiritual y emocionalmente) para ser una persona que está rendida por completo a los propósitos de Dios.

2. No todos son llamados al ministerio vocacional. Por lo tanto, ¿cómo se ve la rendición total para un maestro de escuela, un plomero, un artista, el dueño de un negocio o tú mismo?

3. El apóstol Pedro aprendió que la rendición total es algo más fácil de decir que de hacer. ¿De qué maneras puedes identificarte con su historia?

4. Como embajadores de Cristo, hablen de cómo los actos de sacrificio y rendición pueden reflejar el amor de Dios a las personas en nuestras vidas diarias.

Lee Daniel 3.1–28 (ver la sección «Perfiles de rendición total» en Creer) *y escoge 1–2 preguntas que conducirán a la mejor discusión en tu grupo.*

1. Aunque el mundo en que vivimos es drásticamente diferente, ¿de qué maneras puedes identificarte con Sadrac, Mesac y Abednego?

2. ¿Qué cualidades o virtudes, si es que existe alguna, ves en ellos que te gustaría poseer?

3. En esta historia y muchas otras que se encuentran en la Biblia, las personas toman decisiones valientes a fin de cumplir los propósitos de Dios. Hablen de los orígenes de la valentía. En otras palabras, ¿de dónde proviene la valentía? ¿Es una característica personal? ¿Se genera mediante la fuerza de voluntad? ¿Es dada por Dios? ¿O se desarrolla con el tiempo?

CASO DE ESTUDIO

Usa el siguiente caso de estudio como modelo para una situación de la vida real en la que pudieras poner en práctica la idea clave de esta semana.

El trabajo de Duncan requiere que viaje fuera de la ciudad en dos o tres ocasiones al mes. Por primera vez en su vida es capaz de guardar dinero en el banco en lugar de vivir de salario en salario. Desgraciadamente, sus compañeros de trabajo y su supervisor utilizan esos viajes fuera de la ciudad para alimentar sus locos deseos y entretener a potenciales clientes. Duncan se siente en una encrucijada. Sabe que las actividades de esos viajes no le agradan a Dios, pero negarse a participar probablemente le costaría su empleo.

Usando las aplicaciones clave de esta sesión, ¿qué podrías decir o hacer para ayudar a Duncan? (Si es necesario, consulta tus notas del vídeo para recordar las aplicaciones clave de esta sesión.)

ORACIÓN FINAL

Concluyan el tiempo juntos con oración. Compartan sus peticiones de oración unos con otros. Pídele a Dios que los ayude a poner en práctica la idea clave de esta semana.

DIARIO

Si tu iglesia está realizando la campaña *Creer* a nivel general, lleva contigo esta guía de estudio a la iglesia y utiliza el siguiente espacio para tomar notas sobre el mensaje del pastor o el maestro. Si tu iglesia proporciona un bosquejo, piensa en guardarlo con esta guía para así tener todas tus notas y pensamientos del diario *Creer* en un solo lugar.

RESPUESTAS DE LAS NOTAS DEL VÍDEO

bomba / negarse / Dedico / servicio sacrificado / impulsaba / ofrezca / sacrificio / Recuerda

Comunidad bíblica

Estudio personal

La semana pasada examinaste la práctica de la rendición total. Quizá fuiste desafiado a saltar al estilo «bomba» y entregar activamente tu vida para los propósitos de Dios. Esta semana antes de la reunión de tu grupo, lee *Creer, sesión 16: Comunidad bíblica*. Luego, pasa algún tiempo sumergiéndote en las Escrituras a la vez que evalúas tu práctica personal de la comunidad bíblica.

LECTURA

Lee Creer, sesión 16: Comunidad bíblica *y responde las siguientes preguntas.*

1. El pasaje de Eclesiastés 4 describe una relación entre dos personas. ¿Por qué entonces el Maestro dice que «la cuerda de tres hilos» no se rompe fácilmente?

2. Mientras lees el pasaje de Efesios 2, busca las diferencias entre los dos lugares de morada de Dios: el templo y la iglesia del Nuevo Testamento. ¿Qué barreras existen en ambos lugares? ¿A quién se le permite la entrada en cada sitio? ¿Cuál es la piedra angular de cada uno?

3. ¿Imaginas cómo hubiera sido ser un miembro de la primera iglesia después de Pentecostés? ¿Te hubiera gustado formar parte de esa comunidad? ¿Por que sí o por qué no? ¿De que maneras la primera iglesia debería ser un modelo para las iglesias de hoy?

4. Mientras lees los pasajes de Hebreos 13, Hechos 18, 1 Corintios 16, Romanos 16 y 1 Juan 1–3, considera el énfasis y la importancia que se le atribuye a la hospitalidad. ¿Por qué piensas que esta era importante para la primera iglesia? ¿Es aún importante hoy? ¿Por qué sí o por qué no?

5. La Palabra de Dios le asigna un gran valor a la comunidad cristiana. ¿Cuán importante es este valor para ti en este preciso momento? ¿Qué impacto produce esto en tu vida?

EVALUACIÓN

Basándote en tu lectura de Creer, *sesión 16: Comunidad bíblica, evalúa tu nivel de confianza en las afirmaciones siguientes utilizando una escala de 1–6 (1 = nada de confianza, 6 = certeza completa).*

_____ Tengo buenas relaciones con otros cristianos que influyen en la dirección de mi vida.

_____ Integro un grupo cristiano que realmente me conoce y apoya.

_____ Permito que otros cristianos me hagan rendir cuentas de mis actos.

_____ Oro diariamente por otros cristianos y los apoyo.

PASO DE ACCIÓN

Memorizar las Escrituras es una valiosa disciplina que todos los creyentes deben ejercitar. Dedica unos minutos cada día a aprender de memoria el versículo clave de esta semana.

VERSÍCULO CLAVE: «Todos los creyentes estaban juntos y tenían todo en común: vendían sus propiedades y posesiones, y compartían sus bienes entre sí según la necesidad de cada uno. No dejaban de reunirse en el templo ni un solo día. De casa en casa partían el pan y compartían la comida con alegría y generosidad, alabando a Dios y disfrutando de la estimación general del pueblo. Y cada día el Señor añadía al grupo los que iban siendo salvos» (Hechos 2.44–47).

Recita la idea clave de esta semana en voz alta. Mientras lo haces, formúlate la pregunta: «¿Refleja mi vida esta afirmación?».

IDEA CLAVE: Tengo comunión con otros cristianos para llevar a cabo los propósitos de Dios en mi vida, en las vidas de los demás y en el mundo.

Responde las siguientes preguntas para que te ayuden a aplicar la idea clave de esta semana a tu propia vida.

1. ¿Cómo se expresaría en tu vida esta práctica?

2. ¿Qué atributos visibles pueden encontrarse en alguien que practica la comunidad bíblica?

3. ¿Qué está impidiendo tu habilidad para experimentar la comunidad bíblica? ¿Cómo puedes vencer ese obstáculo?

4. ¿Qué paso de acción puedes dar esta semana para desarrollar la comunidad bíblica?

Reunión de grupo

¡Bienvenida!

Bienvenido a la Sesión 16 de *Creer*. Si hay miembros nuevos en el grupo, dediquen un momento a presentarse los unos a los otros. Luego pasen algunos minutos compartiendo opiniones o preguntas acerca del estudio personal de esta sesión. ¡Ahora comienza el vídeo!

─── NOTAS DE LA ENSEÑANZA DEL VÍDEO ───

A medida que ves el segmento en vídeo para la Sesión 16, usa el siguiente bosquejo a fin de anotar algunos de los puntos principales. (Las respuestas se encuentran al final de la sesión.)

- En Génesis 2.18, Dios dijo: «No es bueno que el hombre esté _____».

- Dios es una _____: Padre, Hijo y Espíritu Santo.

- También nosotros fuimos creados _____ la comunidad y _____ una comunidad.

- Pregunta clave: ¿Cómo desarrollo _____ sanas con otros?

- Idea clave: Tengo comunión con otros cristianos para _____ los propósitos de Dios en mi vida, en las vidas de los demás y en el mundo.

- Versículo clave: «Todos los creyentes estaban juntos y tenían todo en común: vendían sus propiedades y posesiones, y _____ sus bienes entre sí según la necesidad de cada uno. No dejaban de _____ en el templo ni un solo día. De casa en casa partían el pan y compartían la _____ con alegría y generosidad, alabando a Dios y disfrutando de la estimación general del pueblo. Y cada día el Señor añadía al grupo los que iban siendo salvos» (Hechos 2.44–47).

- (Aplicación clave) Tenemos comunión con otros creyentes para mantener fuerte nuestra relación con _____.

- (Aplicación clave) Tenemos comunión con otros creyentes para mantener fuerte nuestra relación con _____.

- (Aplicación clave) Tenemos comunión con otros creyentes para _____ la voluntad de Dios en la tierra.

PARA COMENZAR

Comienza tu discusión recitando el versículo clave y la idea clave juntos como grupo. En tu primer intento, usa tus notas si necesitas ayuda. En tu segundo intento, trata de decirlos completamente de memoria.

VERSÍCULO CLAVE: «Todos los creyentes estaban juntos y tenían todo en común: vendían sus propiedades y posesiones, y compartían sus bienes entre sí según la necesidad de cada uno. No dejaban de reunirse en el templo ni un solo día. De casa en casa partían el pan y compartían la comida con alegría y generosidad, alabando a Dios y disfrutando de la estimación general del pueblo. Y cada día el Señor añadía al grupo los que iban siendo salvos» (Hechos 2.44–47).

IDEA CLAVE: Tengo comunión con otros cristianos para llevar a cabo los propósitos de Dios en mi vida, en las vidas de los demás y en el mundo.

DISCUSIÓN DE GRUPO

Como grupo, hablen de sus pensamientos y sentimientos acerca de las siguientes declaraciones. ¿Qué afirmaciones son fáciles de enunciar con certeza? ¿Cuáles son más desafiantes y por qué?

- Tengo buenas relaciones con otros cristianos que influyen en la dirección de mi vida.
- Integro un grupo cristiano que realmente me conoce y apoya.
- Permito que otros cristianos me hagan rendir cuentas de mis actos.
- Oro diariamente por otros cristianos y los apoyo.

Basándote en la dinámica de tu grupo y su madurez espiritual, elige las 2–3 preguntas que conducirán a la mejor discusión acerca de la idea clave de esta semana.

1. ¿Por qué no es bueno que el hombre (una persona) esté solo?

2. En un mundo donde las personas cada vez están más aisladas y centradas en sí mismas, ¿qué puede hacerse para alentar una comunidad vibrante y enfocada en los demás?

3. ¿Cuál es o podría ser un adversario de la comunidad bíblica? En otras palabras, ¿qué hay en nuestra vida o cultura que impide el éxito de una comunidad saludable, atractiva y basada en la fe?

4. ¿Qué pasos sencillos podría dar este grupo para mejorar y/o desarrollar una mayor conexión con Dios, los demás y los no creyentes?

Lee Hechos 2.42–47 (ver la sección «La nueva comunidad» en Creer) y escoge 1–2 preguntas que conducirán a la mejor discusión en tu grupo.

1. ¿En qué aspectos ha sido similar la experiencia de tu iglesia a lo que acabas de leer? ¿En cuáles ha sido diferente?

2. ¿Es posible hoy en día experimentar el tipo de comunidad sobre la que acabas de leer? Hablen acerca de por qué creen que lo es o no lo es.

3. Si la comunidad es algo que necesitamos desesperadamente, ¿por qué hay tantas personas de fe que se contentan con vivir un estilo de vida de aislamiento?

CASO DE ESTUDIO

Usa el siguiente caso de estudio como modelo para una situación de la vida real en la que pudieras poner en práctica la idea clave de esta semana.

Laura comenzó a seguir a Cristo en la adolescencia después que una buena amiga la invitara al campamento de verano de su iglesia. No haberse criado en una familia religiosa la hacía sentir rezagada en su fe; por lo tanto, inmediatamente comenzó a leer todo estudio bíblico que encontraba. La fe de Laura se desarrolló a medida que aprendía más sobre sí misma y el carácter de Dios.

Han pasado diez años y ella sigue leyendo su Biblia diariamente y asiste a los servicios de adoración en su iglesia, pero siente como si le faltara algo, como si hubiera llegado a un estancamiento espiritual, y no sabe qué hacer para cambiarlo.

Usando las aplicaciones clave de esta sesión, ¿qué podrías decir o hacer para ayudar a Laura? (Si es necesario, consulta tus notas del vídeo para recordar las aplicaciones clave de esta sesión.)

ORACIÓN FINAL

Concluyan el tiempo juntos con oración. Compartan sus peticiones de oración unos con otros. Pídele a Dios que los ayude a poner en práctica la idea clave de esta semana.

DIARIO

Si tu iglesia está realizando la campaña *Creer* a nivel general, lleva contigo esta guía de estudio a la iglesia y utiliza el siguiente espacio para tomar notas sobre el mensaje del pastor o el maestro. Si tu iglesia proporciona un bosquejo, piensa en guardarlo con esta guía para así tener todas tus notas y pensamientos del diario *Creer* en un solo lugar.

RESPUESTAS DE LAS NOTAS DEL VÍDEO

solo / comunidad / para, como / relaciones / llevar a cabo / compartían, reunirse, comida / Dios / los demás / cumplir

Dones espirituales

Estudio personal

La semana pasada examinaste la práctica de la comunidad bíblica. Posiblemente aprendiste que no solo es bonito participar en la comunidad, sino que se trata de una necesidad a fin de disfrutar de un estilo de vida pleno y saludable. Esta semana antes de la reunión de tu grupo, lee *Creer, sesión 17: Dones espirituales*. Luego, dedica algún tiempo a permitir que las Escrituras se afiancen en tu corazón y a evaluar cómo Dios está participando en tu vida diaria.

LECTURA

Lee Creer, sesión 17: Dones espirituales *y responde las siguientes preguntas.*

1. ¿Cuál fue el don espiritual de Daniel? ¿Por qué resultó importante que Daniel reconociera que su don provenía del Señor?

2. El Espíritu Santo mora ahora en todos los que creen en Jesús. Nosotros somos el nuevo templo de Dios. Jesús le llamó al Espíritu Santo nuestro «abogado». ¿Qué piensas que eso significa para nosotros?

3. Mientras lees los pasajes de Romanos 12 y 1 Corintios 12, anota cuáles dones piensas que posees. Escoge a un familiar o amigo y haz lo mismo con respecto

a su persona. Permite que sepa cuál consideras que es su don y cómo este te ha impactado de manera positiva.

4. ¿Qué sucede cuando los dones espirituales son puestos en práctica sin amor? (Pedro dio un ejemplo de hospitalidad sin amor.) ¿Por qué es importante ser impulsados por el amor cuando ejercitamos nuestros dones espirituales?

5. La Biblia compara a la iglesia con un cuerpo. Colectivamente, somos el cuerpo de Cristo. Los creyentes individuales son identificados como las distintas partes el cuerpo, las cuales trabajan juntas para lograr que las necesidades sean satisfechas. ¿Puedes recordar un momento en que alguna parte de tu cuerpo resultó lastimada de alguna forma y cómo esto afectó al cuerpo completo? ¿Cómo funciona esta analogía con relación a la iglesia?

EVALUACIÓN

Basándote en tu lectura de Creer, *sesión 17: Dones espirituales, evalúa tu nivel de confianza en las afirmaciones siguientes utilizando una escala de 1–6 (1 = nada de confianza, 6 = certeza completa).*

_____ Conozco mi(s) don(es) espiritual(es).

_____ Regularmente uso mi(s) don(es) espiritual(es) en el ministerio para lograr los propósitos de Dios.

_____ Valoro los dones espirituales de otros para lograr los propósitos de Dios.

_____ Otros reconocen y afirman mi(s) don(es) espiritual(es) y apoyan la forma en que lo(s) uso.

---------- **PASO DE ACCIÓN** ----------

Memorizar las Escrituras es una valiosa disciplina que todos los creyentes deben ejercitar. Dedica unos minutos cada día a aprender de memoria el versículo clave de esta semana.

VERSÍCULO CLAVE: «Pues así como cada uno de nosotros tiene un solo cuerpo con muchos miembros, y no todos estos miembros desempeñan la misma función, también nosotros, siendo muchos, formamos un solo cuerpo en Cristo, y cada miembro está unido a todos los demás. Tenemos dones diferentes, según la gracia que se nos ha dado» (Romanos 12.4–6).

Recita la idea clave de esta semana en voz alta. Mientras lo haces, formúlate la pregunta: «¿Refleja mi vida esta afirmación?».

IDEA CLAVE: Conozco mis dones espirituales y los uso para cumplir los propósitos de Dios.

Responde las siguientes preguntas para que te ayuden a aplicar la idea clave de esta semana a tu propia vida.

1. ¿Cómo se expresaría en tu vida esta práctica?

2. ¿Qué atributos visibles pueden encontrarse en alguien que utiliza sus dones espirituales?

3. ¿Qué está impidiendo tu habilidad para conocer y usar tus dones espirituales? ¿Cómo puedes vencer ese obstáculo?

4. ¿Qué paso de acción puedes dar esta semana para descubrir o utilizar mejor tus dones espirituales?

Reunión de grupo

¡Bienvenida!

Bienvenido a la Sesión 17 de *Creer*. Si hay miembros nuevos en el grupo, dediquen un momento a presentarse los unos a los otros. Luego pasen algunos minutos compartiendo opiniones o preguntas acerca del estudio personal de esta sesión. ¡Ahora comienza el vídeo!

NOTAS DE LA ENSEÑANZA DEL VÍDEO

A medida que ves el segmento en vídeo para la Sesión 17, usa el siguiente bosquejo a fin de anotar algunos de los puntos principales. (Las respuestas se encuentran al final de la sesión.)

- Pregunta clave: ¿Qué dones y capacidades me ha dado Dios para _____ a otros?

- Versículo clave: «Pues así como cada uno de nosotros tiene un solo cuerpo con muchos miembros, y no todos estos miembros desempeñan la misma función, también nosotros, siendo muchos, formamos un solo cuerpo en Cristo, y cada miembro está _____ a todos los demás. Tenemos dones diferentes, según la gracia que se nos ha dado» (Romanos 12.4–6).

- Idea clave: Conozco mis dones espirituales y los _____ para cumplir los propósitos de Dios.

- (Aplicación clave) Como comunidad, nos ayudamos unos a otros a _____ qué don le ha dado Dios a cada uno.

- (Aplicación clave) Conoce y _____ los dones de las personas que Dios ha puesto a tu alrededor.

- (Aplicación clave) _____ tu don.

- (Aplicación clave) Reconoce y dale a Dios el _____ por tu don.

PARA COMENZAR

Comienza tu discusión recitando el versículo clave y la idea clave juntos como grupo. En tu primer intento, usa tus notas si necesitas ayuda. En tu segundo intento, trata de decirlos completamente de memoria.

VERSÍCULO CLAVE: «Pues así como cada uno de nosotros tiene un solo cuerpo con muchos miembros, y no todos estos miembros desempeñan la misma función, también nosotros, siendo muchos, formamos un solo cuerpo en Cristo, y cada miembro está unido a todos los demás. Tenemos dones diferentes, según la gracia que se nos ha dado» (Romanos 12.4–6).

IDEA CLAVE: Conozco mis dones espirituales y los uso para cumplir los propósitos de Dios.

DISCUSIÓN DE GRUPO

Como grupo, hablen de sus pensamientos y sentimientos acerca de las siguientes declaraciones. ¿Qué afirmaciones son fáciles de enunciar con certeza? ¿Cuáles son más desafiantes y por qué?

- Conozco mi(s) don(es) espiritual(es).
- Regularmente uso mi(s) don(es) espiritual(es) en el ministerio para lograr los propósitos de Dios.
- Valoro los dones espirituales de otros para lograr los propósitos de Dios.
- Otros reconocen y afirman mi(s) don(es) espiritual(es) y apoyan la forma en que lo(s) uso.

Basándote en la dinámica de tu grupo y su madurez espiritual, elige las 2–3 preguntas que conducirán a la mejor discusión acerca de la idea clave de esta semana.

1. Aparta un momento para afirmar las maneras específicas en que ves a los miembros del grupo utilizando sus dones espirituales.

2. Hablen de la salud de su comunidad espiritual. ¿Qué partes se están desarrollando y son sanas? ¿Qué partes están sufriendo o faltan? ¿Qué paso(s) de acción puede dar el grupo para fortalecer al cuerpo de Cristo?

3. Si las personas no estuvieran seguras sobre cuáles son sus papeles en el cuerpo de Cristo, ¿cómo les aconsejarías que descubrieran sus dones espirituales?

4. Algunos dones obtienen más atención que otros, lo cual puede causar orgullo y celos dentro del cuerpo de Cristo. ¿Cómo puede tu grupo guardarse de estas actitudes destructivas?

Lee 1 Corintios 12.4–31 (ver la sección «Propósito y función de los dones espirituales» en Creer) y escoge 1–2 preguntas que conducirán a la mejor discusión en tu grupo.

1. ¿Qué papel desempeña tu don espiritual en la redención y restauración de las personas quebrantadas y un mundo quebrantado?

2. Hablen de algunas partes del cuerpo humano que no son visibles, pero resultan increíblemente importantes. De modo similar, ¿qué dones dentro del cuerpo de Cristo rara vez se reconocen y a la vez son vitales para el éxito de la misión de la iglesia?

3. ¿Por qué es imperativo para nosotros utilizar nuestros dones con una actitud de amor?

CASO DE ESTUDIO

Usa el siguiente caso de estudio como modelo para una situación de la vida real en la que pudieras poner en práctica la idea clave de esta semana.

Dani está frustrado. Después de entregarle su vida a Cristo hace cinco años, ha intentado desesperadamente compartir las buenas con todas las personas posibles. Ha impartido estudios bíblicos en el trabajo, la iglesia y su barrio, pero sin obtener el éxito que había esperado lograr. Al inicio obtuvo una buena respuesta, pero las personas gradualmente perdieron el interés.

Recientemente, un compañero de trabajo lo invitó a un estudio bíblico los jueves durante su hora del almuerzo. Comenzó como un grupo pequeño, aunque después de unos meses la sala estaba llena. Dani sabía que debería estar emocionado, pero se sentía sencillamente enojado. ¿Por qué estaba teniendo tanto éxito ese hombre cuando él no lo había tenido? No podía entender qué estaba haciendo mal él.

Usando las aplicaciones clave de esta sesión, ¿qué podrías decir o hacer para ayudar a Dani a encontrar las respuestas a sus frustraciones? (Si es necesario, consulta tus notas del vídeo para recordar las aplicaciones clave de esta sesión.)

ORACIÓN FINAL

Concluyan el tiempo juntos con oración. Compartan sus peticiones de oración unos con otros. Pídele a Dios que los ayude a poner en práctica la idea clave de esta semana.

DIARIO

Si tu iglesia está realizando la campaña *Creer* a nivel general, lleva contigo esta guía de estudio a la iglesia y utiliza el siguiente espacio para tomar notas sobre el mensaje del pastor o el maestro. Si tu iglesia proporciona un bosquejo, piensa en guardarlo con esta guía para así tener todas tus notas y pensamientos del diario *Creer* en un solo lugar.

RESPUESTAS DE LAS NOTAS DEL VÍDEO

servir / unido / uso / descubrir / celebra / Usa / mérito

Ofrecimiento de mi tiempo

Estudio personal

La semana pasada examinaste la práctica de los dones espirituales. Quizá aprendiste que Dios nos ha capacitado para trabajar juntos, como un cuerpo, a fin de cumplir sus propósitos. ¡Eso es increíble! Esta semana antes de la reunión de tu grupo, lee *Creer, sesión 18: Ofrecimiento de mi tiempo*. Luego, permite que la Palabra de Dios moldee tus pensamientos y sentimientos con respecto al uso que haces de tu tiempo.

LECTURA

Lee Creer, sesión 18: Ofrecimiento de mi tiempo *y responde las siguientes preguntas.*

1. ¿Piensas que Dios aún envía a las personas al «vientre de un pez» cuando ellas ignoran su llamado?

2. A la luz de lo que hemos aprendido sobre el templo del Antiguo Testamento en los capítulos previos, ¿por qué Dios quería que los cautivos que habían regresado construyeran su casa primero que las propias?

3. Mientras lees los pasajes de Éxodo 16, 18 y Proverbios 31, anota cualquier principio práctico que encuentres sobre la administración del tiempo.

4. Mientras lees los pasajes de Mateo 25, Efesios 5 y Gálatas 6, busca respuestas a esta pregunta: ¿cómo Dios recompensa a aquellos que hacen lo que él les pide?

5. ¿Qué puedes hacer para mejorar la importante práctica de ofrecerle tu tiempo a Dios?

EVALUACIÓN

Basándote en tu lectura de Creer, *sesión 18: Ofrecimiento de mi tiempo,* evalúa *tu nivel de confianza en las afirmaciones siguientes utilizando una escala de 1–6 (1 = nada de confianza, 6 = certeza completa).*

_____ Invierto mi tiempo en otros orando por ellos.

_____ Paso una buena cantidad de tiempo ayudando a aquellos con necesidades físicas, emocionales o de otro tipo.

_____ Entrego mi tiempo para servir y ayudar a otros en mi comunidad.

_____ Regularmente me ofrezco como voluntario en mi iglesia.

PASO DE ACCIÓN

Memorizar las Escrituras es una valiosa disciplina que todos los creyentes deben ejercitar. Dedica unos minutos cada día a aprender de memoria el versículo clave de esta semana.

VERSÍCULO CLAVE: «Y todo lo que hagan, de palabra o de obra, háganlo en el nombre del Señor Jesús, dando gracias a Dios el Padre por medio de él» (Colosenses 3.17).

Recita la idea clave de esta semana en voz alta. Mientras lo haces, formúlate la pregunta: «¿Refleja mi vida esta afirmación?».

IDEA CLAVE: Invierto mi tiempo en cumplir los propósitos de Dios.

Responde las siguientes preguntas para que te ayuden a aplicar la idea clave de esta semana a tu propia vida.

1. ¿Cómo se expresaría en tu vida esta práctica?

2. ¿Qué atributos visibles pueden encontrarse en alguien que invierte su tiempo en los propósitos de Dios?

3. ¿Qué está impidiendo tu habilidad para ofrecerle tu tiempo a Dios y otros? ¿Cómo puedes vencer ese obstáculo?

4. ¿Qué paso de acción puedes dar esta semana para aumentar la cantidad de tiempo que entregas a los propósitos de Dios?

Reunión de grupo

¡Bienvenida!

Bienvenido a la Sesión 18 de *Creer*. Si hay miembros nuevos en el grupo, dediquen un momento a presentarse los unos a los otros. Luego pasen algunos minutos compartiendo opiniones o preguntas acerca del estudio personal de esta sesión. ¡Ahora comienza el vídeo!

NOTAS DE LA ENSEÑANZA DEL VÍDEO

A medida que ves el segmento en vídeo para la Sesión 18, usa el siguiente bosquejo a fin de anotar algunos de los puntos principales. (Las respuestas se encuentran al final de la sesión.)

- Pregunta clave: ¿Cómo quiere Dios que veamos las veinticuatro _____ que tenemos en un día?

- Versículo clave: «Y todo lo que hagan, de palabra o de obra, _____ en el nombre del Señor Jesús, dando gracias a Dios el Padre por medio de él» (Colosenses 3.17).

- Idea clave: _____ mi tiempo en cumplir los propósitos de Dios.

- Presten atención a sus _____.

- (Aplicación clave) Ocúpate de los _____ de Dios y él se ocupará de los tuyos.

- (Aplicación clave) Hazlo todo como una _____ a Dios.

PARA COMENZAR

Comienza tu discusión recitando el versículo clave y la idea clave juntos como grupo. En tu primer intento, usa tus notas si necesitas ayuda. En tu segundo intento, trata de decirlos completamente de memoria.

VERSÍCULO CLAVE: «Y todo lo que hagan, de palabra o de obra, háganlo en el nombre del Señor Jesús, dando gracias a Dios el Padre por medio de él» (Colosenses 3.17).

IDEA CLAVE: Invierto mi tiempo en cumplir los propósitos de Dios.

DISCUSIÓN DE GRUPO

Como grupo, hablen de sus pensamientos y sentimientos acerca de las siguientes declaraciones. ¿Qué afirmaciones son fáciles de enunciar con certeza? ¿Cuáles son más desafiantes y por qué?

- Invierto mi tiempo en otros orando por ellos.
- Paso una buena cantidad de tiempo ayudando a aquellos con necesidades físicas, emocionales o de otro tipo.
- Entrego mi tiempo para servir y ayudar a otros en mi comunidad.
- Regularmente me ofrezco como voluntario en mi iglesia.

Basándote en la dinámica de tu grupo y su madurez espiritual, elige las 2–3 preguntas que conducirán a la mejor discusión acerca de la idea clave de esta semana.

1. Haz una lista diversa de maneras en que puede utilizarse el tiempo para los propósitos de Dios.

2. ¿Qué retos hacen difícil para ti invertir tiempo en los propósitos de Dios? Como grupo, hablen acerca de formas de vencerlos.

3. Con frecuencia, las acciones sencillas como escuchar activamente a un compañero de trabajo, ayudar a un vecino o ser entrenador en la liga infantil se pasan por alto porque no están «relacionadas con la iglesia». Hablen de maneras sencillas en que pueden ofrecer su tiempo a las personas en su comunidad.

4. En la mayoría de las iglesias, un pequeño grupo de personas hace la mayor parte del trabajo. Hablen de las diferentes necesidades y oportunidades que ven dentro de su congregación y que su grupo podría abordar.

Lee Mateo 25.31–46 (ver la sección «Las recompensas de entregar nuestro tiempo» en Creer) y escoge 1–2 preguntas que conducirán a la mejor discusión en tu grupo.

1. Basándote en lo que acabas de leer, ¿qué actividades parecen más importantes para Jesús?

2. Las actividades que Jesús menciona normalmente no son consideradas actos hechos «para Dios»; sin embargo, él dice: «Todo lo que hicieron por uno de mis hermanos, aun por el más pequeño, lo hicieron por mí». ¿Cuál crees que es el punto principal de Jesús aquí?

3. Los cristianos tienden a definir de manera estrecha los actos de adoración como los actos hechos dentro del edificio de una iglesia. Como grupo, redefinan lo que es adorar a Dios con nuestro tiempo.

CASO DE ESTUDIO

Usa el siguiente caso de estudio como modelo para una situación de la vida real en la que pudieras poner en práctica la idea clave de esta semana.

Cici es una mujer ocupada. Su primer trabajo implica ocuparse de sus tres hijos y su esposo. Cuando no está dándoles besos a los niños si se hacen daño, siendo el árbitro de las peleas entre hermanos, y buscando maneras de alentar a su cónyuge, diseña páginas web para pequeños negocios.

Recientemente, una familia de cinco miembros sin la mamá se mudó a la casa de al lado. El papá trabaja muchas horas; por lo tanto, los niños se quedan solos la mayor parte del tiempo. Ella siente que Dios los puso en su vida por una razón, pero el temor la ha refrenado. Está preocupada de que pasar tiempo con ellos la obligará a descuidar otras áreas de su vida.

Usando las aplicaciones clave de esta sesión, ¿qué podrías decir o hacer para ayudar a Cici? (Si es necesario, consulta tus notas del vídeo para recordar las aplicaciones clave de esta sesión.)

ORACIÓN FINAL

Concluyan el tiempo juntos con oración. Compartan sus peticiones de oración unos con otros. Pídele a Dios que los ayude a poner en práctica la idea clave de esta semana.

DIARIO

Si tu iglesia está realizando la campaña *Creer* a nivel general, lleva contigo esta guía de estudio a la iglesia y utiliza el siguiente espacio para tomar notas sobre el mensaje del pastor o el maestro. Si tu iglesia proporciona un bosquejo, piensa en guardarlo con esta guía para así tener todas tus notas y pensamientos del diario *Creer* en un solo lugar.

RESPUESTAS DE LAS NOTAS DEL VÍDEO

horas / háganlo / Invierto / caminos / negocios / ofrenda

Donación de mis recursos

Estudio personal

La semana pasada examinaste la práctica de ofrecer tu tiempo. Quizás te sentiste inspirado a invertir el tiempo que Dios te ha dado para sus propósitos. ¡Fantástico! Esta semana antes de la reunión de tu grupo, lee *Creer, sesión 19: Donación de mis recursos*. Luego, pasa algún tiempo permitiendo que las Escrituras se afiancen en tu corazón y evaluando tu relación con el dinero.

LECTURA

Lee Creer, sesión 19: Donación de mis recursos *y responde las siguientes preguntas.*

1. Encuentra todas las veces que se usa la palabra «movidos» en Éxodo 35 y 36. ¿Por qué es la motivación del corazón tan importante para Dios?

2. Mientras lees los pasajes de Proverbios 3 y 11, identifica el consejo que más te dice en este momento.

3. Si alguien te pidiera que resumieras lo que Jesús enseñó sobre el dinero y el dar, ¿qué dirías?

4. Mientras lees los pasajes de 2 Corintios 8 y 9, busca el proceso que los creyentes tuvieron que atravesar para determinar lo que debían dar.

5. En una escala de 1–10, evalúa tu nivel de generosidad. ¿Qué te ha ayudado a ser más generoso? ¿Qué causa que aún te refrenes a la hora de dar?

EVALUACIÓN

Basándote en tu lectura de Creer, *sesión 19: Donación de mis recursos, evalúa tu nivel de confianza en las afirmaciones siguientes utilizando una escala de 1–6 (1 = nada de confianza, 6 = certeza completa).*

_____ Entrego el diez por ciento o más de mis ingresos a la obra de Dios.

_____ Regularmente doy dinero para servir y ayudar a otros.

_____ Mi primera prioridad en cuanto al gasto es sostener la obra de Dios.

_____ Mis hábitos de gastos no evitan que dé lo que siento que debería darle a Dios.

PASO DE ACCIÓN

Memorizar las Escrituras es una valiosa disciplina que todos los creyentes deben ejercitar. Dedica unos minutos cada día a aprender de memoria el versículo clave de esta semana.

VERSÍCULO CLAVE: «Pero ustedes, así como sobresalen en todo —en fe, en palabras, en conocimiento, en dedicación y en su amor hacia nosotros—, procuren también sobresalir en esta gracia de dar» (2 Corintios 8.7).

Recita la idea clave de esta semana en voz alta. Mientras lo haces, formúlate la pregunta: «¿Refleja mi vida esta afirmación?».

IDEA CLAVE: Doy de mis recursos para cumplir los propósitos de Dios.

Responde las siguientes preguntas para que te ayuden a aplicar la idea clave de esta semana a tu propia vida.

1. ¿Cómo se expresaría en tu vida esta práctica?

2. ¿Qué atributos visibles pueden encontrarse en alguien que regularmente da de sus recursos?

3. ¿Qué está impidiendo tu habilidad para incorporar esta práctica a tu estilo de vida? ¿Cómo puedes vencer este obstáculo?

4. ¿Qué paso de acción puedes dar esta semana para hacer de esta práctica una parte regular de tu vida?

Reunión de grupo

¡Bienvenida!

Bienvenido a la Sesión 19 de *Creer*. Si hay miembros nuevos en el grupo, dediquen un momento a presentarse los unos a los otros. Luego pasen algunos minutos compartiendo opiniones o preguntas acerca del estudio personal de esta sesión. ¡Ahora comienza el vídeo!

NOTAS DE LA ENSEÑANZA DEL VÍDEO

A medida que ves el segmento en vídeo para la Sesión 19, usa el siguiente bosquejo a fin de anotar algunos de los puntos principales. (Las respuestas se encuentran al final de la sesión.)

- Pregunta clave: ¿Cómo uso mejor mis _____ para servir a Dios y a otros?

- Idea clave: Doy de mis recursos para _____ los propósitos de Dios.

- Versículo clave: «Pero ustedes, así como sobresalen en todo —en fe, en palabras, en conocimiento, en dedicación y en su amor hacia nosotros—, procuren también sobresalir en esta gracia de _____» (2 Corintios 8.7).

- (Aplicación clave) Tu disposición viene de un corazón _____ por los propósitos de Dios.

- (Aplicación clave) Los recursos van _____ del dinero.

- (Aplicación clave) Dar a otros _____ su intimidad en Cristo.

PARA COMENZAR

Comienza tu discusión recitando el versículo clave y la idea clave juntos como grupo. En tu primer intento, usa tus notas si necesitas ayuda. En tu segundo intento, trata de decirlos completamente de memoria.

VERSÍCULO CLAVE: «Pero ustedes, así como sobresalen en todo —en fe, en palabras, en conocimiento, en dedicación y en su amor hacia nosotros—, procuren también sobresalir en esta gracia de dar» (2 Corintios 8.7).

IDEA CLAVE: Doy de mis recursos para cumplir los propósitos de Dios.

DISCUSIÓN DE GRUPO

Como grupo, hablen de sus pensamientos y sentimientos acerca de las siguientes declaraciones. ¿Qué afirmaciones son fáciles de enunciar con certeza? ¿Cuáles son más desafiantes y por qué?

- Entrego el diez por ciento o más de mis ingresos a la obra de Dios.
- Regularmente doy dinero para servir y ayudar a otros.
- Mi primera prioridad en cuanto al gasto es sostener la obra de Dios.
- Mis hábitos de gastos no evitan que dé lo que siento que debería darle a Dios.

Basándote en la dinámica de tu grupo y su madurez espiritual, elige las 2–3 preguntas que conducirán a la mejor discusión acerca de la idea clave de esta semana.

1. El fuego puede ser increíblemente beneficioso y también terriblemente peligroso si no se utiliza adecuadamente. ¿Cómo son similares los recursos materiales?

2. ¿De qué manera nos puede dar el dinero un falso sentimiento de seguridad y satisfacción?

3. ¿Por qué crees que Dios está más interesado en las intenciones del dador que en el tamaño del donativo?

4. ¿Qué circunstancias actuales en tu vida proporcionan oportunidades a fin de dar de tus recursos para los propósitos de Dios?

Lee Proverbios 11.24–25, 28 y Eclesiastés 5.10–20 (ver la sección «Por qué damos» en Creer) y escoge 1–2 preguntas que conducirán a la mejor discusión en tu grupo.

1. ¿Qué promesas pueden encontrarse en las escrituras que acaban de leer juntos?

2. Salomón fue uno de los hombres más ricos que vivió sobre la tierra. ¿De qué maneras, si existe alguna, estás sorprendido por sus comentarios sobre la riqueza y el dinero? ¿Cuál de sus comentarios crees que es el más revelador?

3. Si pudieras resumir el consejo de Salomón en una o dos frases, ¿qué dirías?

CASO DE ESTUDIO

Usa el siguiente caso de estudio como modelo para una situación de la vida real en la que pudieras poner en práctica la idea clave de esta semana.

Karen y Ben habían estado casados por veintitrés años antes de que una batalla de un año de duración contra el cáncer se lo llevara a él al hogar celestial para estar con Jesús. Al quedarse con abundancia de tiempo, dinero y una casa de cuatro dormitorios, Karen piensa en lo que debería hacer con todas las pertenencias de ella y Ben.

Usando las aplicaciones clave de esta sesión, ¿qué podrías decir o hacer para ayudar a Karen a encontrar la dirección que está buscando? (Si es necesario, consulta tus notas del vídeo para recordar las aplicaciones clave de esta sesión.)

ORACIÓN FINAL

Concluyan el tiempo juntos con oración. Compartan sus peticiones de oración unos con otros. Pídele a Dios que los ayude a poner en práctica la idea clave de esta semana.

DIARIO

Si tu iglesia está realizando la campaña *Creer* a nivel general, lleva contigo esta guía de estudio a la iglesia y utiliza el siguiente espacio para tomar notas sobre el mensaje del pastor o el maestro. Si tu iglesia proporciona un bosquejo, piensa en guardarlo con esta guía para así tener todas tus notas y pensamientos del diario *Creer* en un solo lugar.

RESPUESTAS DE LAS NOTAS DEL VÍDEO

recursos / cumplir / dar / movido / más allá / fortalece

Proclamación de mi fe

Estudio personal

La semana pasada examinaste la práctica de dar de tus recursos. Quizá fuiste desafiado a no aferrarte a las posesiones materiales, permitiendo que sean usadas para los propósitos de Dios. Esta semana antes de la reunión de tu grupo, lee *Creer, sesión 20: Proclamación de mi fe*. Luego, dedica algún tiempo a evaluar tu relación con las personas que están fuera de la fe cristiana.

---LECTURA---

Lee Creer, sesión 20: Proclamación de mi fe *y responde las siguientes preguntas.*

1. ¿De qué maneras podemos ser los «embajadores» de Dios para el mundo?

2. ¿Qué quiere decir Pablo cuando escribe: «Me hice todo para todos, a fin de salvar a algunos por todos los medios posibles»? ¿Qué piensas que *no* significa?

3. Mientras lees sobre el encuentro divino de Felipe con el etíope en Hechos 8, identifica estrategias efectivas a la hora de compartir la fe que puedes emular.

4. ¿Qué significa «comportarse sabiamente con los que no creen en Cristo»? ¿Qué significa que nuestra conversación sea «amena y de buen gusto»?

5. Con relación a la proclamación de nuestra fe, ¿qué quiso decir Jesús cuando señaló que algunos «siembran» la semilla y otros «cosechan»? ¿Por qué debemos compartir nuestra fe incluso si nuestro mensaje puede ser rechazado?

EVALUACIÓN

Basándote en tu lectura de Creer, *sesión 20: Proclamación de mi fe, evalúa tu nivel de confianza en las afirmaciones siguientes utilizando una escala de 1–6 (1 = nada de confianza, 6 = certeza completa).*

_____ Frecuentemente comparto mi fe con las personas que no son cristianas.

_____ Intento vivir de modo que otros vean a Cristo en mi vida.

_____ Sé cómo compartir mi fe con los no cristianos.

_____ Oro para que los que no son cristianos acepten a Jesucristo como su Señor y Salvador.

PASO DE ACCIÓN

Memorizar las Escrituras es una valiosa disciplina que todos los creyentes deben ejercitar. Dedica unos minutos cada día a aprender de memoria el versículo clave de esta semana.

VERSÍCULO CLAVE: «Oren también por mí para que, cuando hable, Dios me dé las palabras para dar a conocer con valor el misterio del evangelio, por el cual soy embajador en cadenas. Oren para que lo proclame valerosamente, como debo hacerlo» (Efesios 6.19-20).

Recita la idea clave de esta semana en voz alta. Mientras lo haces, formúlate la pregunta: «¿Refleja mi vida esta afirmación?».

IDEA CLAVE: Proclamo mi fe ante otros para cumplir los propósitos de Dios.

Responde las siguientes preguntas para que te ayuden a aplicar la idea clave de esta semana a tu propia vida.

1. ¿Cómo se expresaría en tu vida esta práctica?

2. ¿Qué atributos visibles pueden encontrarse en alguien que regularmente proclama su fe?

3. ¿Qué está impidiendo tu habilidad para proclamar abiertamente tu fe en Cristo? ¿Cómo puedes vencer ese obstáculo?

4. ¿Qué paso de acción puedes dar esta semana para situarte en la posición de compartir lo que Dios ha hecho en tu vida?

Reunión de grupo

¡Bienvenida!

Bienvenido a la Sesión 20 de *Creer*. Si hay miembros nuevos en el grupo, dediquen un momento a presentarse los unos a los otros. Luego pasen algunos minutos compartiendo opiniones o preguntas acerca del estudio personal de esta sesión. ¡Ahora comienza el vídeo!

NOTAS DE LA ENSEÑANZA DEL VÍDEO

A medida que ves el segmento en vídeo para la Sesión 20, usa el siguiente bosquejo para anotar algunos de los puntos principales. (Las respuestas se encuentran al final de la sesión.)

- Pregunta clave: ¿Cómo comparto mi_____ con los que no conocen a Dios?

- Idea clave: _____ mi fe ante otros para cumplir los propósitos de Dios.

- 2 Pedro 3.9: «El Señor no tarda en cumplir su promesa, según entienden algunos la tardanza. Más bien, él tiene paciencia con ustedes, porque no quiere que nadie perezca sino que todos se _____».

- Versículo clave: «Oren también por mí para que, cuando hable, Dios me dé las palabras para dar a conocer con valor el misterio del evangelio, por el cual soy _____en cadenas. Oren para que lo proclame valerosamente, como debo hacerlo» (Efesios 6.19-20).

- (Aplicación clave) Busca _____ divinas.

- (Aplicación clave) Comienza con una pregunta y espera la
_____.

- (Aplicación clave) Comparte tu _____.

- (Aplicación clave) La aceptación de las buenas nuevas no es tu
_____.

PARA COMENZAR

Comienza tu discusión recitando el versículo clave y la idea clave juntos como grupo. En tu primer intento, usa tus notas si necesitas ayuda. En tu segundo intento, trata de decirlos completamente de memoria.

VERSÍCULO CLAVE: «Oren también por mí para que, cuando hable, Dios me dé las palabras para dar a conocer con valor el misterio del evangelio, por el cual soy embajador en cadenas. Oren para que lo proclame valerosamente, como debo hacerlo» (Efesios 6.19-20).

IDEA CLAVE: Proclamo mi fe ante otros para cumplir los propósitos de Dios.

DISCUSIÓN DE GRUPO

Como grupo, hablen de sus pensamientos y sentimientos acerca de las siguientes declaraciones. ¿Qué afirmaciones son fáciles de enunciar con certeza? ¿Cuáles son más desafiantes y por qué?

- Frecuentemente comparto mi fe con las personas que no son cristianas.
- Intento vivir de modo que otros vean a Cristo en mi vida.
- Sé cómo compartir mi fe con los no cristianos.
- Oro para que los que no son cristianos acepten a Jesucristo como su Señor y Salvador.

Basándote en la dinámica de tu grupo y su madurez espiritual, elige las 2–3 preguntas que conducirán a la mejor discusión acerca de la idea clave de esta semana.

1. ¿Es posible compartir tu fe sin decir ni una sola palabra? Si lo es, ¿cómo?

2. ¿Qué oportunidades presentes tienes de compartir tu fe con individuos que están fuera de la fe?

3. Si lo que Jesús hizo mediante su muerte y resurrección son «buenas noticias», ¿por qué muchas personas vacilan en proclamarlas?

4.   ¿De qué maneras estás compartiendo activamente tu fe con los incrédulos?

Lee Génesis 12.1–4 y 2 Corintios 5.14–21 (ver la sección «El llamado a proclamar nuestra fe» en Creer) y escoge 1–2 preguntas que conducirán a la mejor discusión en tu grupo.

1.   ¿En qué maneras ves que el mundo está siendo bendecido mediante el pueblo de Dios? En otras palabras, ¿cómo está afectando positivamente la iglesia al mundo que le rodea?

2.   Pablo dice que se nos ha dado un ministerio de reconciliación. Según tu opinión, ¿qué significa eso?

3.   Como embajadores de Cristo, nosotros (la iglesia) representamos su carácter y sus deseos ante el mundo que nos rodea. ¿De qué maneras lo estamos representando bien? ¿En qué áreas debemos mejorar?

CASO DE ESTUDIO

Usa el siguiente caso de estudio como modelo para una situación de la vida real en la que pudieras poner en práctica la idea clave de esta semana.

La historia de redención de Esperanza es poderosa. La gracia de Dios cambió radicalmente la trayectoria de su vida, desde un destino de quebrantamiento y adicción hacia un lugar de libertad y esperanza. Aunque ella ha encontrado paz, su familia y sus amigos se dirigen a la destrucción. Ella tiene un sentimiento de responsabilidad con respecto a la proclamación de su fe ante ellos, pero el temor a hacerlo o a decir lo equivocado la retiene.

Usando las aplicaciones clave de esta sesión, ¿qué podrías decir o hacer para ayudar a Esperanza? (Si es necesario, consulta tus notas del vídeo para recordar las aplicaciones clave de esta sesión.)

ORACIÓN FINAL

Concluyan el tiempo juntos con oración. Compartan sus peticiones de oración unos con otros. Pídele a Dios que los ayude a poner en práctica la idea clave de esta semana.

DIARIO

Si tu iglesia está realizando la campaña *Creer* a nivel general, lleva contigo esta guía de estudio a la iglesia y utiliza el siguiente espacio para tomar notas sobre el mensaje del pastor o el maestro. Si tu iglesia proporciona un bosquejo, piensa en guardarlo con esta guía para así tener todas tus notas y pensamientos del diario *Creer* en un solo lugar.

RESPUESTAS DE LAS NOTAS DEL VÍDEO

fe / Proclamo / arrepientan / embajador / citas / invitación / historia / responsabilidad

Amor

Estudio personal

La semana pasada examinaste la práctica de compartir tu fe. Quizá fuiste inspirado a compartir tu historia con alguien que está fuera de la tradición cristiana. Esta semana cambiamos nuestra atención de las prácticas espirituales a las virtudes semejantes a las de Cristo. Antes de la reunión de tu grupo, lee *Creer, sesión 21: Amor*. Después, pregúntate cómo se manifiesta esta virtud en tu vida.

LECTURA

Lee Creer, sesión 21: Amor *y responde las siguientes preguntas.*

1. Mientras lees 1 Corintios 13, confecciona dos listas. ¿Cuáles son las características del amor en el sentido positivo (todo lo que el amor es)? ¿Qué características no posee el amor?

2. ¿Amas al Señor tu Dios con todo tu corazón, alma, mente y fuerzas? ¿Cómo describirías la cantidad de amor que les muestras a otros? ¿Estás satisfecho con tus respuestas?

3. Escribe con tus propias palabras lo que sucedió en el cambio del gran mandamiento del Antiguo Testamento al nuevo mandamiento de Jesús.

4. Después que Pablo menciona todas las cualidades del fruto de Espíritu, ¿por qué escribe luego: «No hay ley que condene estas cosas»?

5. Mientras lees la historia de 1 Samuel 19, anota las formas en que Jonatán le ofreció a David un amor incondicional y sacrificado.

EVALUACIÓN

Basándote en tu lectura de Creer, *sesión 21: Amor, evalúa tu nivel de confianza en las afirmaciones siguientes utilizando una escala de 1–6 (1 = nada de confianza, 6 = certeza completa).*

_____ La gracia de Dios me capacita para perdonar a las personas que me han herido.

_____ Me regocijo cuando les suceden cosas buenas a otras personas.

_____ Le demuestro amor por igual a las personas de todas las razas.

_____ Frecuentemente renuncio a lo que quiero por causa de otros.

PASO DE ACCIÓN

Memorizar las Escrituras es una valiosa disciplina que todos los creyentes deben ejercitar. Dedica unos minutos cada día a aprender de memoria el versículo clave de esta semana.

VERSÍCULO CLAVE: «En esto consiste el amor: no en que nosotros hayamos amado a Dios, sino en que él nos amó y envió a su Hijo para que fuera ofrecido como sacrificio por el perdón de nuestros pecados. Queridos hermanos, ya que Dios nos ha amado así, también nosotros debemos amarnos los unos a los otros. Nadie ha visto jamás a Dios, pero si nos amamos los unos a los otros, Dios permanece entre nosotros, y entre nosotros su amor se ha manifestado plenamente» (1 Juan 4.10-12).

Recita la idea clave de esta semana en voz alta. Mientras lo haces, hazte la pregunta: «¿Refleja mi vida esta afirmación?».

IDEA CLAVE: Estoy comprometido a amar a Dios y amar a otros.

Responde las siguientes preguntas para que te ayuden a aplicar la idea clave de esta semana a tu propia vida.

1. ¿Cómo podría expresarse en tu vida esta virtud?

2. ¿Qué atributos visibles pueden encontrarse en alguien que personifica la virtud del amor?

3. ¿Qué está impidiendo tu habilidad para aceptar esta virtud? ¿Cómo puedes vencer este obstáculo?

4. ¿Qué paso de acción puedes dar esta semana para amar más como Jesús?

Reunión de grupo

¡Bienvenida!

Bienvenido a la Sesión 21 de *Creer*. Si hay miembros nuevos en el grupo, dediquen un momento a presentarse los unos a los otros. Luego pasen algunos minutos compartiendo opiniones o preguntas acerca del estudio personal de esta sesión. ¡Ahora comienza el vídeo!

NOTAS DE LA ENSEÑANZA DEL VÍDEO

A medida que ves el segmento en vídeo para la Sesión 21, usa el siguiente bosquejo a fin de anotar algunos de los puntos principales. (Las respuestas se encuentran al final de la sesión.)

- Pregunta clave: ¿Qué significa _____ a otros de modo sacrificado e incondicional?

- Versículo clave: «En esto consiste el amor: no en que nosotros hayamos amado a Dios, sino en que él nos amó y envió a su Hijo para que fuera ofrecido como sacrificio por el perdón de nuestros pecados. Queridos hermanos, ya que Dios nos ha amado así, también nosotros debemos amarnos los unos a los otros. Nadie ha visto jamás a Dios, pero si nos amamos los unos a los otros, Dios permanece entre nosotros, y entre nosotros su amor se ha _____ plenamente» (1 Juan 4.10-12).

- Idea clave: Estoy _____ a amar a Dios y amar a otros.

- (Aplicación clave) Soy su _____.

- (Aplicación clave) Sacrifico mis _____ para verlos tener éxito.

- (Aplicación clave) Los ayudo a ver la _____ de Dios para ellos.

PARA COMENZAR

Comienza tu discusión recitando el versículo clave y la idea clave juntos como grupo. En tu primer intento, usa tus notas si necesitas ayuda. En tu segundo intento, trata de decirlos completamente de memoria.

VERSÍCULO CLAVE: «En esto consiste el amor: no en que nosotros hayamos amado a Dios, sino en que él nos amó y envió a su Hijo para que fuera ofrecido como sacrificio por el perdón de nuestros pecados. Queridos hermanos, ya que Dios nos ha amado así, también nosotros debemos amarnos los unos a los otros. Nadie ha visto jamás a Dios, pero si nos amamos los unos a los otros, Dios permanece entre nosotros, y entre nosotros su amor se ha manifestado plenamente» (1 Juan 4.10-12).

IDEA CLAVE: Estoy comprometido a amar a Dios y amar a otros.

DISCUSIÓN DE GRUPO

Como grupo, hablen de sus pensamientos y sentimientos acerca de las siguientes declaraciones. ¿Qué afirmaciones son fáciles de enunciar con certeza? ¿Cuáles son más desafiantes y por qué?

- La gracia de Dios me capacita para perdonar a las personas que me han herido.
- Me regocijo cuando les suceden cosas buenas a otras personas.
- Les demuestro amor por igual a las personas de todas las razas.
- Frecuentemente renuncio a lo que quiero por causa de otros.

Basándote en la dinámica de tu grupo y su madurez espiritual, elige las 2–3 preguntas que conducirán a la mejor discusión acerca de la idea clave de esta semana.

1. ¿A qué personas te resulta más difícil amar? ¿A los familiares? ¿A los compañeros de trabajo? ¿A los desconocidos? Explica por qué.

2. Es fácil amar a alguien que satisface nuestras necesidades. ¿Es posible amar genuinamente a alguien que no hace nada por ti o te hace daño? Si lo es, ¿de qué forma?

3. Aparte del ejemplo de Jesús, ¿cuándo has sido testigo de expresiones de un amor semejante al de Cristo?

Lee Juan 13.31–35, 1 Juan 4.19–21 y Mateo 18.21–22 (ver la sección «La capacidad de amar» en Creer) y escoge 1–2 preguntas que conducirán a la mejor discusión en tu grupo.

1. A lo largo de las Escrituras, el amor se describe como una cualidad identificadora que demuestra que pertenecemos a Dios. Si esto es cierto, ¿por qué la gente describe tan frecuentemente a los cristianos como hipócritas y críticos?

2. Basado en lo que leíste, ¿cuál es la mejor estrategia para desarrollar un amor auténtico y genuino por Dios y los demás?

3. Hablen de cómo retener el perdón puede ser un adversario del amor genuino.

CASO DE ESTUDIO

Usa el siguiente caso de estudio como modelo para una situación de la vida real en la que pudieras poner en práctica la idea clave de esta semana.

El jefe de Bob no es un hombre fácil con el que trabajar. Hace montones de críticas, les habla irrespetuosamente a sus empleados, y con frecuencia se apropia del mérito de algunas ideas que no son de él.

Han estado circulando rumores por la oficina de que la esposa del jefe le ha presentado los documentos del divorcio durante el fin de semana. Él se ha encerrado básicamente en su oficina toda la semana. Cuando sale de ahí, apenas pronuncia una palabra y su aspecto es terrible. La mayoría de los empleados se están alegrando del dolor de su jefe, haciendo bromas en secreto y comentarios sarcásticos.

A Bob nunca le ha gustado su jefe, pero algo en su espíritu no le permite unirse a los demás empleados. ¿Debería preguntarle a su jefe si está bien? ¿Debería darle su espacio? ¿Se merece compasión, o sencillamente está cosechando lo que sembró?

Usando las aplicaciones clave de esta sesión, ¿qué podrías decir o hacer para ayudar a Bob a ejercitar la virtud del amor en esta situación? (Si es necesario, consulta tus notas del vídeo para recordar las aplicaciones clave de esta sesión.)

ORACIÓN FINAL

Concluyan el tiempo juntos con oración. Compartan sus peticiones de oración unos con otros. Pídele a Dios que los ayude a poner en práctica la idea clave de esta semana.

DIARIO

Si tu iglesia está realizando la campaña *Creer* a nivel general, lleva contigo esta guía de estudio a la iglesia y utiliza el siguiente espacio para tomar notas sobre el mensaje del pastor o el maestro. Si tu iglesia proporciona un bosquejo, piensa en guardarlo con esta guía para así tener todas tus notas y pensamientos del diario *Creer* en un solo lugar.

RESPUESTA DE NOTAS DE VÍDEO

amar / manifestado / comprometido / defensor / derechos / visión

Gozo

Estudio personal

La semana pasada examinaste la virtud del amor. Quizá fuiste desafiado a amar incondicionalmente a las personas difíciles en tu vida. Esta semana antes de la reunión de tu grupo, lee *Creer, sesión 22: Gozo*. Luego, dedica algún tiempo para permitir que las Escrituras penetren en tu mente y evalúen lo que verdaderamente te causa gozo en la vida.

LECTURA

Lee Creer, sesión 22: Gozo *y responde las siguientes preguntas.*

1. ¿De qué manera cumplir los mandamientos de Dios produce gozo en nuestra vida?

2. ¿Cómo la participación de Dios en nuestra vida evoca el gozo? Israel llevaba a cabo festivales anuales y tradicionales para celebrar las bendiciones de Dios. ¿Cómo los cristianos cumplen con eso hoy?

3. ¿Cómo pueden en realidad producir gozo las circunstancias difíciles? ¿Qué papel juega la actitud en lo que respecta a ser capaz de experimentar el gozo?

4. Pablo dijo que él había aprendido a estar contento incluso cuando tuviera abundancia. ¿Por qué algunas veces es difícil que las personas que tienen mucho se sientan contentas?

5. ¿Cuán a menudo reconoces con gozo la bondad de Dios en tu vida? Identifica una cosa buena que Dios te ha dado o ha hecho por ti durante la semana pasada y dedica un momento a celebrarlo con alguien más.

EVALUACIÓN

Basándote en tu lectura de Creer, sesión 22: Gozo, evalúa tu nivel de confianza en las afirmaciones siguientes utilizando una escala de 1–6 (1 = nada de confianza, 6 = certeza completa).

_____ Disfruto de un contentamiento interior incluso cuando las cosas van mal.

_____ Las circunstancias no dictan mi estado de ánimo.

_____ Estoy emocionado por el sentimiento de propósito que tengo en mi vida.

_____ Puedo estar contento con el dinero y las posesiones que tengo ahora.

PASO DE ACCIÓN

Memorizar las Escrituras es una valiosa disciplina que todos los creyentes deben ejercitar. Dedica unos minutos cada día a aprender de memoria el versículo clave de esta semana.

VERSÍCULO CLAVE: «Les he dicho esto para que tengan mi alegría y así su alegría sea completa» (Juan 15.11).

Recita la idea clave de esta semana en voz alta. Mientras lo haces, formúlate la pregunta: «¿Refleja mi vida esta afirmación?».

IDEA CLAVE: A pesar de mis circunstancias, siento contentamiento interior y entiendo mi propósito en la vida.

Responde las siguientes preguntas para que te ayuden a aplicar la idea clave de esta semana a tu propia vida.

1. ¿Cómo se expresaría esta virtud en tu vida?

2. ¿Qué atributos visibles pueden encontrarse en alguien que manifiesta la virtud del gozo?

3. ¿Qué está impidiendo tu capacidad para escoger un estilo de vida lleno de gozo? ¿Cómo puedes vencer ese obstáculo?

4. ¿Qué paso de acción puedes dar esta semana para aumentar la presencia del gozo en tu vida diaria?

Reunión de grupo

¡Bienvenida!

Bienvenido a la Sesión 22 de *Creer*. Si hay miembros nuevos en el grupo, dediquen un momento a presentarse los unos a los otros. Luego pasen algunos minutos compartiendo opiniones o preguntas acerca del estudio personal de esta sesión. ¡Ahora comienza el vídeo!

NOTAS DE LA ENSEÑANZA DEL VÍDEO

A medida que ves el segmento en vídeo para la Sesión 22, usa el siguiente bosquejo a fin de anotar algunos de los puntos principales. (Las respuestas se encuentran al final de la sesión.)

- Pregunta clave: ¿Qué nos da verdadera felicidad y _____ en la vida?

- Versículo clave: «Les he dicho esto para que tengan mi alegría y así su alegría sea _____» (Juan 15.11).

- Idea clave: A pesar de mis circunstancias, siento contentamiento interior y entiendo mi _____ en la vida.

- (Aplicación clave) Permite que tu _____ te ayude.

- (Aplicación clave) Satura tu _____ con la enseñanza de Dios sobre el gozo.

- (Aplicación clave) _____ y acepta la íntima participación de Dios y su cuidado en tu vida.

PARA COMENZAR

Comienza tu discusión recitando el versículo clave y la idea clave juntos como grupo. En tu primer intento, usa tus notas si necesitas ayuda. En tu segundo intento, trata de decirlos completamente de memoria.

VERSÍCULO CLAVE: «Les he dicho esto para que tengan mi alegría y así su alegría sea completa» (Juan 15.11).

IDEA CLAVE: A pesar de mis circunstancias, siento contentamiento interior y entiendo mi propósito en la vida.

DISCUSIÓN DE GRUPO

Como grupo, hablen de sus pensamientos y sentimientos acerca de las siguientes declaraciones. ¿Qué afirmaciones son fáciles de enunciar con certeza? ¿Cuáles son más desafiantes y por qué?

- Disfruto de un contentamiento interior incluso cuando las cosas van mal.
- Las circunstancias no dictan mi estado de ánimo.
- Estoy emocionado por el sentimiento de propósito que tengo en mi vida.
- Puedo estar contento con el dinero y las posesiones que tengo ahora.

Basándote en la dinámica de tu grupo y su madurez espiritual, elige las 2–3 preguntas que conducirán a la mejor discusión acerca de la idea clave de esta semana.

1. ¿De qué maneras puedes identificarte con la historia de Rozanne?

2. Hablen sobre algunas formas prácticas de encontrar el gozo en medio de los momentos problemáticos.

3. Hablen acerca de algunos ejemplos bíblicos de gozo que los inspiren (por ejemplo, la ocasión en que el apóstol Pablo estaba en la cárcel).

4. Hablen de ejemplos de gozo mostrados dentro de su comunidad que los motiven.

Lee Salmos 16.1–11 y Juan 15.1–11 (ver la sección «Fuente de gozo» en Creer) y escoge 1–2 preguntas que conducirán a la mejor discusión en tu grupo.

1. Basándote en los pasajes que acabas de leer, ¿qué pasos prácticos consideras que conducirán a un mayor gozo en tu vida?

2. Precisa creencias y prácticas poco sanas y a la vez comunes que se interponen en el camino al gozo y el contentamiento verdaderos.

3. ¿Cómo nos da la fe en Cristo una razón para estar gozosos en toda circunstancia?

CASO DE ESTUDIO

Usa el siguiente caso de estudio como modelo para una situación de la vida real en la que pudieras poner en práctica la idea clave de esta semana.

Ana se incorporó a tu club de lectura hace unos años. Como grupo, normalmente pasan los primeros quince minutos poniéndose al día: preguntando sobre el trabajo, la familia, la salud y los pasatiempos. La discusión por lo general discurre con normalidad hasta que le llega el turno a Ana para hablar. Su vida parece ser un caótico viaje en una montaña rusa. O es la mejor semana de su vida y todo va según lo planeado, o se trata de una completa catástrofe. No hay término medio con ella. El gozo parece escaparse elusivamente entre sus dedos. Incluso cuando las cosas van bien, parece ansiosa por el futuro.

Como su mentor, te ha dado permiso para hablarle con sinceridad cuando veas áreas de mejora en su vida.

Usando las aplicaciones clave de esta sesión, ¿qué podrías decir o hacer para ayudar a Ana a encontrar gozo? (Si es necesario, consulta tus notas del vídeo para recordar las aplicaciones clave de esta sesión.)

ORACIÓN FINAL

Concluyan el tiempo juntos con oración. Compartan sus peticiones de oración unos con otros. Pídele a Dios que los ayude a poner en práctica la idea clave de esta semana.

DIARIO

Si tu iglesia está realizando la campaña *Creer* a nivel general, lleva contigo esta guía de estudio a la iglesia y utiliza el siguiente espacio para tomar notas sobre el mensaje del pastor o el maestro. Si tu iglesia proporciona un bosquejo, piensa en guardarlo con esta guía para así tener todas tus notas y pensamientos del diario *Creer* en un solo lugar.

RESPUESTAS DE LAS NOTAS DEL VÍDEO

contentamiento / completa / propósito / comunidad / mente / Revive

Paz

Estudio personal

La semana pasada examinaste la virtud del gozo. Quizá aprendiste que Dios es la única fuente verdadera de auténtico gozo. Esta semana antes de la reunión de tu grupo, lee *Creer, sesión 23: Paz*. Luego, permite que las Escrituras penetren en tu mente y te liberen de cualquier ansiedad que puedas sentir.

LECTURA

Lee Creer, sesión 23: Paz *y responde las siguientes preguntas.*

1. En los pasajes de Romanos 5 y Efesios 2, busca todas las referencias a la «paz» y términos similares tales como «reconciliados», «acercados» y «hechos uno solo». ¿Cómo Jesucristo establece la paz entre nosotros y Dios y entre unos y otros?

2. Las «discusiones» surgen con relación a asuntos en los que existe más de una opción u opinión aceptable, de modo que cada uno debe decidir con convicción y también respeto por aquellos que elijan algo diferente. ¿Cuáles son algunos temas de discusión para los cristianos hoy?

3. Después de leer el consejo de Pablo a la iglesia en Colosas y Roma en Romanos 12, ¿cómo podrías describir los principios que promueven la paz en nuestras relaciones con los demás?

4. ¿Cómo el hecho de vivir en paz con las personas fuera de la fe, incluidos los líderes del gobierno, promueve el evangelio? ¿De qué manera logramos esto cuando el gobierno está haciendo decisiones y llevando a cabo acciones que se hallan en conflicto con nuestra fe cristiana?

5. ¿Cuál es la receta de Pablo contra la ansiedad y la preocupación?

EVALUACIÓN

Basándote en tu lectura de Creer, *sesión 23: Paz, evalúa tu nivel de confianza en las afirmaciones siguientes utilizando una escala de 1–6 (1 = nada de confianza, 6 = certeza completa).*

_____ Sé que Dios me ha perdonado debido a lo que Jesús ha hecho.

_____ No estoy enojado con Dios, conmigo mismo o con otros.

_____ Perdono a las personas que me han herido profundamente.

_____ Tengo una paz interior proveniente de Dios.

PASO DE ACCIÓN

Memorizar las Escrituras es una valiosa disciplina que todos los creyentes deben ejercitar. Dedica unos minutos cada día a aprender de memoria el versículo clave de esta semana.

VERSÍCULO CLAVE: «No se inquieten por nada; más bien, en toda ocasión, con oración y ruego, presenten sus peticiones a Dios y denle gracias. Y la paz de Dios, que sobrepasa todo entendimiento, cuidará sus corazones y sus pensamientos en Cristo Jesús» (Filipenses 4.6-7).

Recita la idea clave de esta semana en voz alta. Mientras lo haces, formúlate la pregunta: «¿Refleja mi vida esta afirmación?».

IDEA CLAVE: Soy libre de la ansiedad porque he encontrado paz con Dios, paz con otros y paz conmigo mismo.

Responde las siguientes preguntas para que te ayuden a aplicar la idea clave de esta semana a tu propia vida.

1. ¿Cómo se expresaría en tu vida esta virtud?

2. ¿Qué atributos visibles pueden encontrarse en alguien que vive en paz?

3. ¿Qué está impidiendo tu habilidad para experimentar la paz verdadera? ¿Cómo puedes vencer este obstáculo?

4. ¿Qué paso de acción puedes dar esta semana para experimentar una mayor paz con Dios, con otros y contigo mismo?

Reunión de grupo

¡Bienvenida!

Bienvenido a la Sesión 23 de *Creer*. Si hay miembros nuevos en el grupo, dediquen un momento a presentarse los unos a los otros. Luego pasen algunos minutos compartiendo opiniones o preguntas acerca del estudio personal de esta sesión. ¡Ahora comienza el vídeo!

NOTAS DE LA ENSEÑANZA DEL VÍDEO

A medida que ves el segmento en vídeo para la Sesión 23, usa el siguiente bosquejo a fin de anotar algunos de los puntos principales. (Las respuestas se encuentran al final de la sesión.)

- Pregunta clave: ¿Dónde encuentro _____ para batallar contra la ansiedad y el temor?

- Idea clave: Soy libre de la _____ porque he encontrado paz con Dios, paz con otros y paz conmigo mismo.

- Versículo clave: «No se inquieten por nada; más bien, en toda ocasión, con oración y ruego, presenten sus peticiones a Dios y denle _____. Y la paz de Dios, que sobrepasa todo entendimiento, cuidará sus corazones y sus pensamientos en Cristo Jesús» (Filipenses 4.6-7).

- (Aplicación clave) Establece la _____ en tu relación con Dios.

- (Aplicación clave) En lo que dependa de ti, vive en paz con _____.

- (Aplicación clave) Aprende a vivir en paz _____.

PARA COMENZAR

Comienza tu discusión recitando el versículo clave y la idea clave juntos como grupo. En tu primer intento, usa tus notas si necesitas ayuda. En tu segundo intento, trata de decirlos completamente de memoria.

VERSÍCULO CLAVE: «No se inquieten por nada; más bien, en toda ocasión, con oración y ruego, presenten sus peticiones a Dios y denle gracias. Y la paz de Dios, que sobrepasa todo entendimiento, cuidará sus corazones y sus pensamientos en Cristo Jesús» (Filipenses 4.6-7).

IDEA CLAVE: Soy libre de la ansiedad porque he encontrado paz con Dios, paz con otros y paz conmigo mismo.

DISCUSIÓN DE GRUPO

Como grupo, hablen de sus pensamientos y sentimientos acerca de las siguientes declaraciones. ¿Qué afirmaciones son fáciles de enunciar con certeza? ¿Cuáles son más desafiantes y por qué?

- Sé que Dios me ha perdonado debido a lo que Jesús ha hecho.
- No estoy enojado con Dios, conmigo mismo o con otros.
- Perdono a las personas que me han herido profundamente.
- Tengo una paz interior proveniente de Dios.

Basándote en la dinámica de tu grupo y su madurez espiritual, elige las 2–3 preguntas que conducirán a la mejor discusión acerca de la idea clave de esta semana.

1. Aunque la paz es accesible a todo aquel que llama Señor a Jesucristo, muchos siguen viviendo con temor y ansiedad. ¿Por qué crees que ese es el caso?

2. ¿Cuáles son algunas maneras bíblicas de vencer el temor y la ansiedad? ¿Qué te ha resultado más exitoso?

3. ¿Qué persona en tu vida mantiene un estado de paz incluso en las situaciones más inquietantes? ¿Qué papel desempeña la fe en su habilidad para permanecer en paz?

4. ¿Qué pensamientos o conductas alimentan los sentimientos de temor y ansiedad? ¿Qué límites pueden establecerse para evitar esos peligros?

Lee Mateo 6.25–34 y Filipenses 4.4–9 (ver la sección «Paz contigo mismo (paz interior)»
en Creer) y escoge 1–2 preguntas que conducirán a la mejor discusión en tu grupo.

1. ¿Es posible darle gracias a Dios en toda situación, incluidos los momentos difíciles? Si es así, ¿de qué manera?

2. ¿Qué papel desempeña la oración para combatir la ansiedad? ¿Puedes pensar en un ejemplo tomado de tu vida o la de otra persona?

3. El apóstol Pablo afirma que la paz de Dios guarda nuestros corazones y mentes contra la ansiedad. ¿De qué maneras has descubierto que esta afirmación es cierta?

———CASO DE ESTUDIO———

Usa el siguiente caso de estudio como modelo para una situación de la vida real en la
que pudieras poner en práctica la idea clave de esta semana.

Tu vecino Carlos ha estado asistiendo a la iglesia contigo durante un año ya. Fue bautizado durante el verano y está intentando leer la Biblia por sí mismo. Te llama ocasionalmente cuando llega a pasajes que no entiende. Durante una reciente conversación, Carlos admitió: «Estoy muy agradecido por lo que Dios ha hecho en mi vida. Quiero compensarlo, pero he hecho demasiadas cosas malas y egoístas. Me temo que nunca seré capaz de enmendar las cosas con él. Sinceramente, me paso la mayoría de las noches dando vueltas y vueltas, preguntándome cómo puedo deshacer los errores de mi pasado».

Usando las aplicaciones clave de esta sesión, ¿qué podrías decir o hacer para ayudar a
Carlos a encontrar las respuestas a sus preguntas? (Si es necesario, consulta tus notas
del vídeo para recordar las aplicaciones clave de esta sesión.)

ORACIÓN FINAL

Concluyan el tiempo juntos con oración. Compartan sus peticiones de oración unos con otros. Pídele a Dios que los ayude a poner en práctica la idea clave de esta semana.

DIARIO

Si tu iglesia está realizando la campaña *Creer* a nivel general, lleva contigo esta guía de estudio a la iglesia y utiliza el siguiente espacio para tomar notas sobre el mensaje del pastor o el maestro. Si tu iglesia proporciona un bosquejo, piensa en guardarlo con esta guía para así tener todas tus notas y pensamientos del diario *Creer* en un solo lugar.

RESPUESTAS DE LAS NOTAS DEL VÍDEO

fortaleza / ansiedad / gracias / paz / todos / contigo mismo

Dominio propio

Estudio personal

La semana pasada examinaste la virtud de la paz. Quizá fuiste desafiado a vivir en paz en un área particular de lucha: con Dios, con otros o contigo mismo. Esta semana antes de la reunión de tu grupo, lee *Creer, sesión 24: Dominio propio*. Luego, permite que las Escrituras penetren en tu mente mientras evalúas tu habilidad para tener dominio propio.

LECTURA

Lee Creer, sesión 24: Dominio propio *y responde las siguientes preguntas.*

1. Considera cada referencia al dominio propio que aparece en Tito 2.1–15. ¿Por qué piensas que el dominio propio es una virtud clave que requieren muchas iglesias?

2. ¿Cómo influyen las personas que nos acompañan en nuestra habilidad para tener dominio propio?

3. ¿Por qué es tan difícil controlar nuestra lengua?

4. Después de leer el pasaje de Pedro (ver 2 Pedro 1.3–11) y el pasaje de Pablo (ver Gálatas 5.16–25), describe con tus propias palabras cómo el «dominio de Dios» nos permite tener «dominio propio» en nuestra vida.

5. ¿En qué áreas de tu vida luchas con el dominio propio? ¿Qué desafíos enfrentas? ¿De qué forma te reconforta el conocimiento de la gracia de Dios?

EVALUACIÓN

Basándote en tu lectura de Creer, *sesión 24: Dominio propio, evalúa tu nivel de confianza en las afirmaciones siguientes utilizando una escala de 1–6 (1 = nada de confianza, 6 = certeza completa).*

_____ No soy adicto a ninguna sustancia: alimentos, cafeína, tabaco, alcohol o productos químicos.

_____ No tengo arrebatos de ira con los demás.

_____ No tengo relaciones sexuales que sean contrarias a la enseñanza bíblica.

_____ Controlo mi lengua.

PASO DE ACCIÓN

Memorizar las Escrituras es una valiosa disciplina que todos los creyentes deben ejercitar. Dedica unos minutos cada día a aprender de memoria el versículo clave de esta semana.

VERSÍCULO CLAVE: «Dios ha manifestado a toda la humanidad su gracia, la cual trae salvación y nos enseña a rechazar la impiedad y las pasiones mundanas. Así podremos vivir en este mundo con justicia, piedad y dominio propio, mientras aguardamos la bendita esperanza, es decir, la gloriosa venida de nuestro gran Dios y Salvador Jesucristo» (Tito 2.11-13).

Recita la idea clave de esta semana en voz alta. Mientras lo haces, formúlate la pregunta: «¿Refleja mi vida esta afirmación?».

IDEA CLAVE: Tengo el poder de controlarme por medio de Cristo.

Responde las siguientes preguntas para que te ayuden a aplicar la idea clave de esta semana a tu propia vida.

1. ¿Cómo se expresaría esta virtud en tu vida?

2. ¿Qué atributos visibles pueden encontrarse en alguien que tiene dominio propio?

3. ¿Qué está impidiendo tu habilidad para mostrar dominio propio? ¿Cómo puedes vencer ese obstáculo?

4. ¿Qué paso de acción puedes dar esta semana a fin de aumentar tu habilidad para huir de las situaciones pecaminosas y resistirlas?

Reunión de grupo

¡Bienvenida!

Bienvenido a la Sesión 24 de *Creer*. Si hay miembros nuevos en el grupo, dediquen un momento a presentarse los unos a los otros. Luego pasen algunos minutos compartiendo opiniones o preguntas acerca del estudio personal de esta sesión. ¡Ahora comienza el vídeo!

—NOTAS DE LA ENSEÑANZA DEL VÍDEO—

A medida que ves el segmento en vídeo para la Sesión 24, usa el siguiente bosquejo a fin de anotar algunos de los puntos principales. (Las respuestas se encuentran al final de la sesión.)

- Pregunta clave: ¿Cómo me _____ Dios de las adicciones y los hábitos pecaminosos?

- Idea clave: Tengo el poder de controlarme por medio de _____.

- Versículo clave: «Dios ha manifestado a toda la humanidad su gracia, la cual trae salvación y nos enseña a rechazar la impiedad y las pasiones mundanas. Así podremos vivir en este mundo con justicia, piedad y _____, mientras aguardamos la bendita esperanza, es decir, la gloriosa venida de nuestro gran Dios y Salvador Jesucristo» (Tito 2.11-13).

- (Aplicación clave) El domino propio está _____ por la gracia de Dios, no por la ley.

- (Aplicación clave) El dominio propio es capacitado mediante el _____.

- (Aplicación clave) El dominio propio recibe ayuda mediante _____ amorosamente.

PARA COMENZAR

Comienza tu discusión recitando el versículo clave y la idea clave juntos como grupo. En tu primer intento, usa tus notas si necesitas ayuda. En tu segundo intento, trata de decirlos completamente de memoria.

VERSÍCULO CLAVE: «Dios ha manifestado a toda la humanidad su gracia, la cual trae salvación y nos enseña a rechazar la impiedad y las pasiones mundanas. Así podremos vivir en este mundo con justicia, piedad y dominio propio, mientras aguardamos la bendita esperanza, es decir, la gloriosa venida de nuestro gran Dios y Salvador Jesucristo» (Tito 2.11-13).

IDEA CLAVE: Tengo el poder de controlarme por medio de Cristo.

DISCUSIÓN DE GRUPO

Como grupo, hablen de sus pensamientos y sentimientos acerca de las siguientes declaraciones. ¿Qué afirmaciones son fáciles de enunciar con certeza? ¿Cuáles son más desafiantes y por qué?

- No soy adicto a ninguna sustancia: alimentos, cafeína, tabaco, alcohol o productos químicos.
- No tengo arrebatos de ira con los demás.
- No tengo relaciones sexuales que sean contrarias a la enseñanza bíblica.
- Controlo mi lengua.

Basándote en la dinámica de tu grupo y su madurez espiritual, elige las 2–3 preguntas que conducirán a la mejor discusión acerca de la idea clave de esta semana.

1. ¿Cuándo es más difícil para ti mantener el dominio propio?

2. Describe a alguien en tu vida que te sorprenda debido a su habilidad para mantener el dominio propio.

3. Con frecuencia, los cristianos «intentan con más fuerza» resistir el pecado, pero fracasan. ¿Hay una mejor manera de combatir nuestros impulsos pecaminosos? Si la hay, ¿cuál es?

4. ¿Qué papel puede desempeñar la comunidad bíblica a la hora de tener más dominio propio?

Lee Tito 2.1–15 (ver la sección «El llamado y el desafío» en Creer) *y escoge 1–2 preguntas que conducirán a la mejor discusión en tu grupo.*

1. ¿De qué manera es la gracia un motivador más eficaz para resistir el pecado que el temor? ¿Puedes pensar en ejemplos de la vida real?

2. ¿A qué pasiones mundanas te resulta más difícil decirles que no?

3. ¿Cómo puede ampliar nuestra habilidad para tener dominio propio el hecho de enfocarnos en el regreso de Cristo?

CASO DE ESTUDIO

Usa el siguiente caso de estudio como modelo para una situación de la vida real en la que pudieras poner en práctica la idea clave de esta semana.

Molly es una de esas personas que parecen conocer a todo el mundo. Es alguien muy sociable y el alma de la fiesta dondequiera que va. Realmente disfrutas al pasar tiempo con ella, pero siempre hay momentos a su lado que te hacen sentirte incómodo.

Debido a su inmensa variedad de amistades, siempre conoce el chisme más jugoso y le encanta compartirlo. Aunque sabes que está mal, no puedes evitar participar en la conversación. Antes de darte cuenta, te encuentras hablando en público de los momentos más oscuros de tus compañeros de trabajo y amigos.

Usando las aplicaciones clave de esta sesión, ¿qué podrías decir o hacer para evitar volver a cometer ese error? (Si es necesario, consulta tus notas del vídeo para recordar las aplicaciones clave de esta sesión.)

ORACIÓN FINAL

Concluyan el tiempo juntos con oración. Compartan sus peticiones de oración unos con otros. Pídele a Dios que los ayude a poner en práctica la idea clave de esta semana.

DIARIO

Si tu iglesia está realizando la campaña *Creer* a nivel general, lleva contigo esta guía de estudio a la iglesia y utiliza el siguiente espacio para tomar notas sobre el mensaje del pastor o el maestro. Si tu iglesia proporciona un bosquejo, piensa en guardarlo con esta guía para así tener todas tus notas y pensamientos del diario *Creer* en un solo lugar.

RESPUESTAS DE LAS NOTAS DEL VÍDEO

libera / Cristo / dominio propio / motivado / control de Dios / rendir cuentas

Esperanza

Estudio personal

La semana pasada examinaste la virtud del dominio propio. Quizá fuiste alentado a dominar tu lengua o ponerle rienda a tu carácter. Esta semana antes de la reunión de tu grupo, lee *Creer, sesión 25: Esperanza*. Luego, permite que las verdades de las Escrituras llenen tu alma de esperanza.

---LECTURA---

Lee Creer, sesión 25: Esperanza *y responde las siguientes preguntas.*

1. ¿Te has sentido desesperado al igual que Job? ¿Qué preguntas le has hecho a Dios?

2. Mientras lees sobre las cuatro fuentes de la falsa esperanza, piensa en cuál de ellas te afecta más. ¿Por qué escogiste esa en específico?

3. ¿Qué promesas de Dios puedes encontrar en los pasajes de Hebreos 6, Colosenses 1, 1 Pedro 1, 1 Tesalonicenses 4 y 1 Juan 3?

4. ¿Qué efecto tuvo en la vida de Simeón la promesa de Dios acerca de que él vería la primera llegada de Cristo? ¿Qué efecto podría tener en nuestra vida la promesa de Dios de que veremos la segunda venida de Cristo?

5. De acuerdo con el escritor de Hebreos, ¿qué soportaron los héroes bíblicos debido a que tenían puesta su esperanza en Dios? ¿Cuál es «la carrera que tenemos por delante»? ¿De qué manera la esperanza depende de la fe?

EVALUACIÓN

Basándote en tu lectura de Creer, *sesión 25: Esperanza,* evalúa tu nivel de confianza en las afirmaciones siguientes utilizando una escala de 1–6 (1 = nada de confianza, 6 = certeza completa).

_____ Pienso mucho en el cielo y en lo que Dios está preparando para mí como cristiano.

_____ Tengo confianza en que Dios está obrando todo para mi bien, sean cuales sean las circunstancias actuales.

_____ Mi esperanza en Dios aumenta al buscar a diario vivir como Cristo.

_____ Mi esperanza para el futuro no está fundada en mi salud o mi riqueza, porque ambas son inciertas, sino en Dios.

PASO DE ACCIÓN

Memorizar las Escrituras es una valiosa disciplina que todos los creyentes deben ejercitar. Dedica unos minutos cada día a aprender de memoria el versículo clave de esta semana.

VERSÍCULO CLAVE: «Tenemos como firme y segura ancla del alma una esperanza que penetra hasta detrás de la cortina del santuario, hasta donde Jesús, el precursor, entró por nosotros» (Hebreos 6.19-20).

Recita la idea clave de esta semana en voz alta. Mientras lo haces, formúlate la pregunta: «¿Refleja mi vida esta afirmación?».

IDEA CLAVE: Puedo lidiar con las dificultades de la vida debido a la esperanza que tengo en Jesucristo.

Responde las siguientes preguntas para que te ayuden a aplicar la idea clave de esta semana a tu propia vida.

1. ¿Cómo se expresaría esta virtud en tu vida?

2. ¿Qué atributos visibles pueden encontrarse en alguien que está lleno de esperanza?

3. ¿Qué está impidiendo tu habilidad para experimentar la esperanza? ¿Cómo puedes vencer ese obstáculo?

4. ¿Qué paso de acción puedes dar esta semana para aumentar tu creencia en las promesas de Dios?

Reunión de grupo

¡Bienvenida!

Bienvenido a la Sesión 25 de *Creer*. Si hay miembros nuevos en el grupo, dediquen un momento a presentarse los unos a los otros. Luego pasen algunos minutos compartiendo opiniones o preguntas acerca del estudio personal de esta sesión. ¡Ahora comienza el vídeo!

NOTAS DE LA ENSEÑANZA DEL VÍDEO

A medida que ves el segmento en vídeo para la Sesión 25, usa el siguiente bosquejo a fin de anotar algunos de los puntos principales. (Las respuestas se encuentran al final de la sesión.)

- Pregunta clave: ¿Cómo _____ las dificultades y las luchas de la vida?

- Idea clave: Puedo _____ con las dificultades de la vida debido a la esperanza que tengo en Jesucristo.

- La primera causa: creer en la _____. La segunda causa: creer en _____ que hace la promesa.

- Versículo clave: «Tenemos como firme y segura ancla del alma una _____ que penetra hasta detrás de la cortina del santuario, hasta donde Jesús, el precursor, entró por nosotros» (Hebreos 6.19–20).

- (Aplicación clave) Si quieres aumentar tu esperanza, llega a conocer mejor a Jesús y a _____ en él.

- (Aplicación clave) Si quieres aumentar tu esperanza, llega a conocer las _____ de Jesús y a confiar en ellas.

PARA COMENZAR

Comienza tu discusión recitando el versículo clave y la idea clave juntos como grupo. En tu primer intento, usa tus notas si necesitas ayuda. En tu segundo intento, trata de decirlos completamente de memoria.

VERSÍCULO CLAVE: «Tenemos como firme y segura ancla del alma una esperanza que penetra hasta detrás de la cortina del santuario, hasta donde Jesús, el precursor, entró por nosotros» (Hebreos 6.19-20).

IDEA CLAVE: Puedo lidiar con las dificultades de la vida debido a la esperanza que tengo en Jesucristo.

DISCUSIÓN DE GRUPO

Como grupo, hablen de sus pensamientos y sentimientos acerca de las siguientes declaraciones. ¿Qué afirmaciones son fáciles de enunciar con certeza? ¿Cuáles son más desafiantes y por qué?

- Pienso mucho en el cielo y en lo que Dios está preparando para mí como cristiano.
- Tengo confianza en que Dios está obrando todo para mi bien, sean cuales sean las circunstancias actuales.
- Mi esperanza en Dios aumenta al buscar a diario vivir como Cristo.
- Mi esperanza para el futuro no está fundada en mi salud o mi riqueza, porque ambas son inciertas, sino en Dios.

Basándote en la dinámica de tu grupo y su madurez espiritual, elige las 2–3 preguntas que conducirán a la mejor discusión acerca de la idea clave de esta semana.

1. Todos somos culpables a veces de poner nuestra fe en falsas esperanzas. ¿Cuáles (riquezas, personas, ídolos, gobiernos humanos) son más atractivas para ti? ¿Por qué?

2. ¿De qué maneras te decepcionaron las falsas esperanzas en el pasado?

3. La esperanza no es una emoción que puedas conseguir tú mismo a base de simple fuerza de voluntad. Por lo tanto, ¿qué pasos de acción puedes dar a fin de experimentar un mayor sentimiento de esperanza?

4. ¿Qué experiencias con Dios han aumentado tu habilidad para confiar en él y sus promesas?

Lee Hebreos 11.1—12.3 (ver la sección «La esperanza activa la fe, la fe profundiza la esperanza» en Creer) *y escoge 1–2 preguntas que conducirán a la mejor discusión en tu grupo.*

1. La fe y la esperanza parecen ser las características comunes subyacentes en todos los héroes bíblicos. ¿De qué maneras trabajan juntas esas características?

2. En tu opinión, ¿la historia de fe de qué personaje demostró más esperanza en las promesas de Dios?

3. Es fácil «desalentarse y desfallecer» en el mundo quebrantado en que vivimos. ¿Qué nos alienta a hacer el escritor de este pasaje para combatir la desesperanza?

CASO DE ESTUDIO

Usa el siguiente caso de estudio como modelo para una situación de la vida real en la que pudieras poner en práctica la idea clave de esta semana.

Tu primo Rob tiene problemas de confianza, lo cual es comprensible. Su papá (tu tío) abandonó a la familia justamente antes del decimosegundo cumpleaños de Rob. Los amigos y compañeros de trabajo se aprovechan continuamente de su generosidad y bondad. En un momento de sinceridad en el pórtico de tu casa, él confiesa que cree en Dios, sin embargo, no confía en él. Luego pasa a explicarte que desea confiar en Dios, pero teme que su pasado haya causado que sea definitivamente insensible.

Usando las aplicaciones clave de esta sesión, ¿qué podrías decir o hacer para ayudar a Rob a comenzar a confiar en el carácter y las promesas de Dios? (Si es necesario, consulta tus notas del vídeo para recordar las aplicaciones clave de esta sesión.)

ORACIÓN FINAL

Concluyan el tiempo juntos con oración. Compartan sus peticiones de oración unos con otros. Pídele a Dios que los ayude a poner en práctica la idea clave de esta semana.

DIARIO

Si tu iglesia está realizando la campaña *Creer* a nivel general, lleva contigo esta guía de estudio a la iglesia y utiliza el siguiente espacio para tomar notas sobre el mensaje del pastor o el maestro. Si tu iglesia proporciona un bosquejo, piensa en guardarlo con esta guía para así tener todas tus notas y pensamientos del diario *Creer* en un solo lugar.

RESPUESTAS DE LAS NOTAS DEL VÍDEO
---

manejo / lidiar / promesa, el / esperanza / confiar / promesas

Paciencia

Estudio personal

La semana pasada examinaste la virtud de la esperanza. Quizá fuiste capacitado para lidiar mejor con las dificultades de la vida. Esta semana antes de la reunión de tu grupo, lee *Creer, sesión 26: Paciencia*. Luego, abre tu corazón y tu mente a las lecciones que Dios quiere enseñarte mediante esta sesión.

LECTURA

Lee Creer, sesión 26: Paciencia y responde las siguientes preguntas.

1. Mientras lees el pasaje de Números 14, busca algunos ejemplos de la paciencia de Dios.

2. Mientras lees 1 Samuel 24, busca ejemplos de cómo David esperaba por el momento oportuno de Dios.

3. Mientras lees Proverbios 14.29, 16.32, 19.11 y 25.15, considera estas dos preguntas. ¿Cómo tener paciencia evita los conflictos? ¿Cómo la impaciencia los agudiza?

4. ¿Puedes entender por qué Dios sanó al hombre cojo y no a Pablo? ¿De qué manera confiar en la bondad de Dios nos da la fortaleza para soportar con paciencia nuestros problemas?

5. ¿Te resulta más difícil ser paciente con otras personas o al tratar con los inevitables problemas de la vida? ¿Qué aprendiste a partir de este capítulo que puede ayudarte?

EVALUACIÓN

Basándote en tu lectura de Creer, *sesión 26: Paciencia, evalúa tu nivel de confianza en las afirmaciones siguientes utilizando una escala de 1–6 (1 = nada de confianza, 6 = certeza completa).*

_____ No me enojo con Dios cuando tengo que soportar sufrimientos.

_____ Soy conocido por mantener la sinceridad y la integridad incluso si estoy bajo presión.

_____ Siempre pongo las cosas en manos de Dios cuando me siento presionado.

_____ Mantengo la compostura incluso cuando las personas o las circunstancias me irritan.

PASO DE ACCIÓN

Memorizar las Escrituras es una valiosa disciplina que todos los creyentes deben ejercitar. Dedica unos minutos cada día a aprender de memoria el versículo clave de esta semana.

VERSÍCULO CLAVE: «El que es paciente muestra gran discernimiento; el que es agresivo muestra mucha insensatez» (Proverbios 14.29).

Recita la idea clave de esta semana en voz alta. Mientras lo haces, formúlate la pregunta: «¿Refleja mi vida esta afirmación?».

IDEA CLAVE: Soy lento para la ira y soporto con paciencia bajo las inevitables presiones de la vida.

Responde las siguientes preguntas para que te ayuden a aplicar la idea clave de esta semana a tu propia vida.

1. ¿Cómo se expresaría esta virtud en tu vida?

2. ¿Qué atributos visibles pueden encontrarse en alguien que es lento para la ira?

3. ¿Qué está entorpeciendo tu habilidad para responder pacientemente a las presiones inesperadas de la vida? ¿Cómo puedes vencer ese obstáculo?

4. ¿Qué paso de acción puedes dar esta semana para crecer en el área de la paciencia?

Reunión de grupo

¡Bienvenida!

Bienvenido a la Sesión 26 de *Creer*. Si hay miembros nuevos en el grupo, dediquen un momento a presentarse los unos a los otros. Luego pasen algunos minutos compartiendo opiniones o preguntas acerca del estudio personal de esta sesión. ¡Ahora comienza el vídeo!

NOTAS DE LA ENSEÑANZA DEL VÍDEO

A medida que ves el segmento en vídeo para la Sesión 26, usa el siguiente bosquejo a fin de anotar algunos de los puntos principales. (Las respuestas se encuentran al final de la sesión.)

- Pregunta clave: ¿Cómo proporciona Dios la ayuda que necesito para manejar el _____?

- Versículo clave: «El que es _____ muestra gran discernimiento; el que es agresivo muestra mucha insensatez» (Proverbios 14.29).

- Idea clave: Soy lento para la ira y soporto con paciencia bajo las inevitables _____ de la vida.

- Santiago 1.2–4: «Hermanos míos, considérense muy dichosos cuando tengan que enfrentarse con diversas pruebas, pues ya saben que la prueba de su fe produce _____. Y la constancia debe llevar a feliz término la obra, para que sean perfectos e íntegros, sin que les falte nada».

- (Aplicación clave) Confía en el tiempo de Dios, sus caminos y sus _____.

- (Aplicación clave) No dejes que las cosas sin importancia te _____ demasiado.

- (Aplicación clave) Ofrece hoy la paciencia que te gustaría _____ mañana.

PARA COMENZAR

Comienza tu discusión recitando el versículo clave y la idea clave juntos como grupo. En tu primer intento, usa tus notas si necesitas ayuda. En tu segundo intento, trata de decirlos completamente de memoria.

VERSÍCULO CLAVE: «El que es paciente muestra gran discernimiento; el que es agresivo muestra mucha insensatez» (Proverbios 14.29).

IDEA CLAVE: Soy lento para la ira y soporto con paciencia bajo las inevitables presiones de la vida.

DISCUSIÓN DE GRUPO

Como grupo, hablen de sus pensamientos y sentimientos acerca de las siguientes declaraciones. ¿Qué afirmaciones son fáciles de enunciar con certeza? ¿Cuáles son más desafiantes y por qué?

- No me enojo con Dios cuando tengo que soportar el sufrimiento.
- Soy conocido por mantener la sinceridad y la integridad incluso si estoy bajo presión.
- Siempre pongo las cosas en manos de Dios cuando me siento presionado.
- Mantengo la compostura incluso cuando las personas o las circunstancias me irritan.

Basándote en la dinámica de tu grupo y su madurez espiritual, elige las 2–3 preguntas que conducirán a la mejor discusión acerca de la idea clave de esta semana.

1. ¿Qué situaciones actuales prueban más tu paciencia? ¿Por qué?

2. ¿Qué fuerzas externas influencian negativamente tu habilidad para ser paciente?

3. ¿Cómo ha influenciado tu relación con Dios tu habilidad a fin de ser lento para la ira en las situaciones de estrés?

4. Describe un momento desafiante en tu vida que te ayudó a desarrollar constancia. ¿Cómo creciste espiritualmente durante ese período?

_____

_____

Lee 1 Samuel 26.1–25 (ver la sección «Ser lento para airarse» en Creer*) y escoge 1–2 preguntas que conducirán a la mejor discusión en tu grupo.*

1. ¿Cómo prepararon a David para la responsabilidad del trono los años que pasó esperando a ser rey?

_____

_____

2. ¿De qué maneras han desarrollado tu carácter los períodos de espera?

_____

_____

3. ¿De qué formas has experimentado la necedad de perder los estribos?

_____

_____

CASO DE ESTUDIO

Usa el siguiente caso de estudio como modelo para una situación de la vida real en la que pudieras poner en práctica la idea clave de esta semana.

Kelly ha estado soñando con crear su propia familia desde que era niña. Tuvo un compromiso después de la universidad, pero se sintió guiada por Dios a cancelarlo. Desde entonces, ha intentado numerosas maneras de encontrar un buen esposo, pero nada se ha materializado. La ansiedad y el temor se agitan en su interior a medida que pasa cada año. Comienza a creer que siempre estará sola.

Usando las aplicaciones clave de esta sesión, ¿qué podrías decir o hacer para ayudar a Kelly? (Si es necesario, consulta tus notas del vídeo para recordar las aplicaciones clave de esta sesión.)

ORACIÓN FINAL

Concluyan el tiempo juntos con oración. Compartan sus peticiones de oración unos con otros. Pídele a Dios que los ayude a poner en práctica la idea clave de esta semana.

DIARIO

Si tu iglesia está realizando la campaña *Creer* a nivel general, lleva contigo esta guía de estudio a la iglesia y utiliza el siguiente espacio para tomar notas sobre el mensaje del pastor o el maestro. Si tu iglesia proporciona un bosquejo, piensa en guardarlo con esta guía para así tener todas tus notas y pensamientos del diario *Creer* en un solo lugar.

RESPUESTAS DE LAS NOTAS DEL VÍDEO

estrés / paciente / presiones / constancia / resultados / inquieten / recibir

Bondad

Estudio personal

La semana pasada examinaste la virtud de la paciencia. Quizá fuiste desafiado a soportar pacientemente bajo las dificultades de la vida. Esta semana antes de la reunión de tu grupo, lee *Creer, sesión 27: Bondad*. Luego, dedica algún tiempo a permitir que las Escrituras penetren en tu mente y preparen tu corazón para recibir las lecciones que Dios quiere enseñarte.

LECTURA

Lee Creer, sesión 27: Bondad *y responde las siguientes preguntas.*

1. Escribe tu propio salmo. Empieza con las mismas palabras de Salmos 107: «Den gracias al Señor, porque él es bueno; su gran amor perdura para siempre. Que lo digan los redimidos del Señor». Luego describe un acto de bondad y amabilidad que Dios haya mostrado hacia ti.

2. ¿Cómo reconcilias la decisión de Rajab de mentir en cuanto al paradero de los espías con su acto de bondad?

3. Jesús nos enseña a hacer exactamente lo que David hizo por Mefiboset. ¿Por qué es importante que invitemos a las personas que no pueden devolvernos los favores a ser parte de nuestra vida? ¿Puedes pensar en alguna forma de incluir en tus actividades a alguien que con frecuencia es dejado fuera?

4. Mientras lees Filemón 1–25, nota cómo Pablo muestra bondad en la solicitud que le hace a Filemón. ¿Hubieras accedido al pedido de Pablo? ¿Por qué sí o por qué no?

5. Escribe una lista de todos los principios que encuentras en las enseñanzas de Jesús, Pedro y Pablo sobre no solo ser bondadoso en nuestras relaciones, sino actuar del modo correcto. ¿Cuál principio te impacta más?

EVALUACIÓN

Basándote en tu lectura de Creer, *sesión 27: Bondad, evalúa tu nivel de confianza en las afirmaciones siguientes utilizando una escala de 1–6 (1 = nada de confianza, 6 = certeza completa).*

_____ Nunca me quedaría con un dinero que no me perteneciera.

_____ Soy conocido como una persona que les dice palabras bondadosas a los que necesitan aliento.

_____ Les doy a otros sin esperar nada a cambio.

_____ Ayudo a los que tienen problemas o no pueden ayudarse a sí mismos.

PASO DE ACCIÓN

Memorizar las Escrituras es una valiosa disciplina que todos los creyentes deben ejercitar. Dedica unos minutos cada día a aprender de memoria el versículo clave de esta semana.

VERSÍCULO CLAVE: «Asegúrense de que nadie pague mal por mal; más bien, esfuércense siempre por hacer el bien, no sólo entre ustedes sino a todos» (1 Tesalonicenses 5.15).

Recita la idea clave de esta semana en voz alta. Mientras lo haces, formúlate la pregunta: «¿Refleja mi vida esta afirmación?».

IDEA CLAVE: Escojo ser amable y bueno en mis relaciones con los demás.

Responde las siguientes preguntas para que te ayuden a aplicar la idea clave de esta semana a tu propia vida.

1. ¿Cómo podría expresarse esta virtud en tu vida?

2. ¿Qué atributos visibles pueden encontrarse en alguien que rebosa de bondad?

3. ¿Qué está impidiendo tu habilidad para aceptar esta virtud? ¿Cómo puedes vencer ese obstáculo?

4. ¿Qué paso de acción puedes dar esta semana para aumentar tus expresiones de bondad en la vida diaria?

Reunión de grupo

¡Bienvenida!

Bienvenido a la Sesión 27 de *Creer*. Si hay miembros nuevos en el grupo, dediquen un momento a presentarse los unos a los otros. Luego pasen algunos minutos compartiendo opiniones o preguntas acerca del estudio personal de esta sesión. ¡Ahora comienza el vídeo!

NOTAS DE LA ENSEÑANZA DEL VÍDEO

A medida que ves el segmento en vídeo para la Sesión 27, usa el siguiente bosquejo a fin de anotar algunos de los puntos principales. (Las respuestas se encuentran al final de la sesión.)

- Idea clave: Escojo ser amable y bueno en mis _____ con los demás.

- Versículo clave: «Asegúrense de que nadie pague mal por mal; más bien, esfuércense siempre por hacer el _____, no sólo entre ustedes sino a todos» (1 Tesalonicenses 5.15).

- Pregunta clave: ¿Qué significa hacer lo _____ en mis relaciones?

- (Aplicación clave) A partir de un corazón puro, no devolvemos mal por _____.

- (Aplicación clave) A partir de un corazón puro, buscamos _____ a los demás.

- (Aplicación clave) A partir de un corazón puro, hacemos lo _____ por amor.

PARA COMENZAR

Comienza tu discusión recitando el versículo clave y la idea clave juntos como grupo. En tu primer intento, usa tus notas si necesitas ayuda. En tu segundo intento, trata de decirlos completamente de memoria.

VERSÍCULO CLAVE: «Asegúrense de que nadie pague mal por mal; más bien, esfuércense siempre por hacer el bien, no sólo entre ustedes sino a todos» (1 Tesalonicenses 5.15).

IDEA CLAVE: Escojo ser amable y bueno en mis relaciones con los demás.

DISCUSIÓN DE GRUPO

Como grupo, hablen de sus pensamientos y sentimientos acerca de las siguientes declaraciones. ¿Qué afirmaciones son fáciles de enunciar con certeza? ¿Cuáles son más desafiantes y por qué?

- Nunca me quedaría con un dinero que no me perteneciera.
- Soy conocido como una persona que les dice palabras bondadosas a los que necesitan aliento.
- Les doy a otros sin esperar nada a cambio.
- Ayudo a los que tienen problemas o no pueden ayudarse a sí mismos.

Basándote en la dinámica de tu grupo y su madurez espiritual, elige las 2–3 preguntas que conducirán a la mejor discusión acerca de la idea clave de esta semana.

1. ¿Cuáles son algunas maneras concretas en que has experimentado la bondad de Dios en tu vida? ¿Qué influencia ha tenido esto en ti?

2. Si el adversario de la esperanza es el temor, ¿cuál sería el enemigo de la bondad?

3. ¿Cómo te han mostrado otras personas recientemente una bondad genuina? ¿Cómo respondiste?

4. ¿De qué manera son diferentes las virtudes de la amabilidad y la bondad? ¿Cuáles son algunos ejemplos prácticos de cada virtud en acción?

Lee 1 Samuel 20.13–16 y 2 Samuel 9.1–13 (ver la sección «Historias de bondad: David»
en Creer) *y escoge 1–2 preguntas que conducirán a la mejor discusión en tu grupo.*

1. El predecesor de David, el rey Saúl, fue completamente malvado con él durante
    trece años. ¿De qué maneras resultaría tentador para David utilizar su poder
    recién adquirido a fin de vengarse de Saúl y su familia?

2. Nota concretamente el modo en que David le mostró bondad a la familia
    de Jonatán al cumplir la promesa que le hizo a su amigo. ¿Por qué eso fue
    considerado una decisión radical?

3. David no parece demostrar ninguna amargura u odio hacia la familia de Saúl.
    Después de todas las dificultades que Saúl le causó, ¿cómo es posible eso? ¿Qué
    podemos aprender del ejemplo de David?

CASO DE ESTUDIO

Usa el siguiente caso de estudio como modelo para una situación de la vida real en la
que pudieras poner en práctica la idea clave de esta semana.

Jared no podía creer lo que veía. Acababa de leer la demanda tres veces,
y con cada lectura se asombraba más. Su mejor amigo y antiguo socio de
negocios, Cal, lo estaba demandando. Ambos habían entrado en el negocio
juntos cuando salieron de la universidad, y después de cinco años difíciles y
agotadores, su empresa empezó a experimentar un increíble éxito.

Tras quince años de crecimiento continuado, acordaron mutuamente dividir
su negocio cuando no pudieron ponerse de acuerdo en la dirección que
debía tomar el mismo. Cal tomó su parte de los beneficios y probó suerte en
el mundo de las inversiones, pero las empresas arriesgadas lo dejaron casi
arruinado. Por lo tanto, ha puesto una demanda llena de acusaciones falsas
contra Jared.

Usando las aplicaciones clave de esta sesión, ¿qué podrías decir o hacer para ayudar a
Jared? (Si es necesario, consulta tus notas del vídeo para recordar las aplicaciones clave
de esta sesión.)

ORACIÓN FINAL

Concluyan el tiempo juntos con oración. Compartan sus peticiones de oración unos con otros. Pídele a Dios que los ayude a poner en práctica la idea clave de esta semana.

DIARIO

Si tu iglesia está realizando la campaña *Creer* a nivel general, lleva contigo esta guía de estudio a la iglesia y utiliza el siguiente espacio para tomar notas sobre el mensaje del pastor o el maestro. Si tu iglesia proporciona un bosquejo, piensa en guardarlo con esta guía para así tener todas tus notas y pensamientos del diario *Creer* en un solo lugar.

RESPUESTAS DE LAS NOTAS DEL VÍDEO

relaciones / bien / correcto / mal / edificar / difícil

Fidelidad

Estudio personal

La semana pasada examinaste la virtud de la bondad. Quizá fuiste desafiado a hacer algo bueno por alguien, si ningún compromiso. Esta semana antes de la reunión de tu grupo, lee *Creer, sesión 28: Fidelidad*. Luego, dedica algún tiempo a permitir que las Escrituras penetren en tu mente y preparen tu corazón para recibir cualquier cosa que Dios quiera enseñarte mediante este estudio.

---LECTURA---

Lee Creer, sesión 28: Fidelidad *y responde las siguientes preguntas.*

1. Mientras lees los pasajes de Deuteronomio 32, Salmos 36 y Lamentaciones 3, considera las frases que expresan mejor la fidelidad de Dios hacia ti.

2. ¿Por qué una persona fiel será ricamente bendecida y una ávida de riquezas será castigada?

3. Mientras lees la historia de José, considera nuestro versículo clave correspondiente a Proverbios 3.3–4. ¿Cómo José experimentó la verdad de este verso?

4. Dios nunca nos llama a ser exitosos a través de toda la Biblia, sino nos pide ser fieles. Al considerar la vida de José, vemos que algunas veces el éxito le sigue a la fidelidad y en otras ocasiones no. ¿Qué piensas de esto? ¿Cómo te está yendo en cuanto a ser fiel?

5. Basándote en lo que has aprendido acerca de la fidelidad, ¿quiénes son algunas de las personas más fieles que has conocido? ¿Cómo piensas que han recibido honor y reconocimiento de tu parte? ¿Y de parte de otros? Si es posible, permite que lo sepan.

EVALUACIÓN

Basándote en tu lectura de Creer, *sesión 28: Fidelidad*, evalúa tu nivel de confianza *en las afirmaciones siguientes utilizando una escala de 1–6 (1 = nada de confianza, 6 = certeza completa).*

_____ Adopto posturas impopulares cuando mi fe lo dicta.

_____ Disciplino mis pensamientos basándome en mi fe en Jesucristo.

_____ Sigo a Dios incluso cuando implica sufrimiento.

_____ Cumplo los compromisos que he hecho con Dios.

PASO DE ACCIÓN

Memorizar las Escrituras es una valiosa disciplina que todos los creyentes deben ejercitar. Dedica unos minutos cada día a aprender de memoria el versículo clave de esta semana.

VERSÍCULO CLAVE: «Que nunca te abandonen el amor y la verdad: llévalos siempre alrededor de tu cuello y escríbelos en el libro de tu corazón. Contarás con el favor de Dios y tendrás buena fama entre la gente» (Proverbios 3.3-4).

Recita la idea clave de esta semana en voz alta. Mientras lo haces, formúlate la pregunta: «¿Refleja mi vida esta afirmación?».

IDEA CLAVE: He establecido un buen nombre con Dios y los demás basado en mi lealtad a esas relaciones.

Responde las siguientes preguntas para que te ayuden a aplicar la idea clave de esta semana a tu propia vida.

1. ¿Cómo podría expresarse esta virtud en tu vida?

2. ¿Qué atributos visibles pueden encontrarse en alguien que muestra fidelidad?

3. ¿Qué está impidiendo tu habilidad para ser fiel a Dios y los demás? ¿Cómo puedes vencer ese obstáculo?

4. ¿Qué paso de acción puedes dar esta semana para aumentar tu fidelidad?

Reunión de grupo

¡Bienvenida!

Bienvenido a la Sesión 28 de *Creer*. Si hay miembros nuevos en el grupo, dediquen un momento a presentarse los unos a los otros. Luego pasen algunos minutos compartiendo opiniones o preguntas acerca del estudio personal de esta sesión. ¡Ahora comienza el vídeo!

────── NOTAS DE LA ENSEÑANZA DEL VÍDEO ──────

A medida que ves el segmento en vídeo para la Sesión 28, usa el siguiente bosquejo a fin de anotar algunos de los puntos principales. (Las respuestas se encuentran al final de la sesión.)

- Pregunta clave: ¿Por qué resulta tan _____ ser leal y comprometido con los demás?

- Versículo clave: «Que nunca te abandonen el amor y la _____: llévalos siempre alrededor de tu cuello y escríbelos en el libro de tu corazón. Contarás con el favor de Dios y tendrás buena fama entre la gente» (Proverbios 3.3-4).

- George MacDonald escribe: «Ser _____ es un elogio mayor que ser amado».

- Idea clave: He establecido un buen _____ con Dios y los demás basado en mi lealtad a esas relaciones.

- (Aplicación clave) La fidelidad de Dios hacia nosotros _____ nuestra fidelidad a él y los demás.

- (Aplicación clave) Dios no nos llama a ser _____, sino fieles.

- (Aplicación clave) Si _____ somos fieles, él es fiel y justo para perdonarnos.

PARA COMENZAR

Comienza tu discusión recitando el versículo clave y la idea clave juntos como grupo. En tu primer intento, usa tus notas si necesitas ayuda. En tu segundo intento, trata de decirlos completamente de memoria.

VERSÍCULO CLAVE: «Que nunca te abandonen el amor y la verdad: llévalos siempre alrededor de tu cuello y escríbelos en el libro de tu corazón. Contarás con el favor de Dios y tendrás buena fama entre la gente» (Proverbios 3.3-4).

IDEA CLAVE: He establecido un buen nombre con Dios y los demás basado en mi lealtad a esas relaciones.

DISCUSIÓN DE GRUPO

Como grupo, hablen de sus pensamientos y sentimientos acerca de las siguientes declaraciones. ¿Qué afirmaciones son fáciles de enunciar con certeza? ¿Cuáles son más desafiantes y por qué?

- Adopto posturas impopulares cuando mi fe lo dicta.
- Disciplino mis pensamientos basándome en mi fe en Jesucristo.
- Sigo a Dios incluso cuando implica sufrimiento.
- Cumplo los compromisos que he hecho con Dios.

Basándote en la dinámica de tu grupo y su madurez espiritual, elige las 2–3 preguntas que conducirán a la mejor discusión acerca de la idea clave de esta semana.

1. ¿Cuál crees que es la raíz o la causa de la infidelidad hacia Dios o los demás?

2. En un mundo lleno de infidelidad, ¿cómo podemos encontrar ejemplos inspiradores de fidelidad?

3. En tu opinión, ¿qué motiva la fidelidad genuina?

4.   ¿Cómo has estado sufriendo pruebas y/o fortaleciendo la fidelidad de alguien?

Lee Rut 1.1–22 (ver la sección «Historias de fidelidad: Rut» en Creer) y escoge 1–2 preguntas que conducirán a la mejor discusión en tu grupo.

1.   La vida para Noemí y Rut era muy distinta a la que transcurre en el mundo en que vivimos actualmente. Aparte del sufrimiento de su pérdida, ¿por qué fue tan devastadora la muerte de su esposo y sus hijos para Noemí? ¿Por qué les dijo a sus nueras que regresaran a sus familias?

2.   ¿Por qué fue la decisión de Rut de quedarse con su suegra un increíble acto de fidelidad?

3.   ¿Has sido testigo alguna vez de una fidelidad como la de Rut en otra persona? Si fue así, ¿cómo resultó la experiencia?

CASO DE ESTUDIO

Usa el siguiente caso de estudio como modelo para una situación de la vida real en la que pudieras poner en práctica la idea clave de esta semana.

Deidre nunca había puesto un pie en una iglesia hasta que llegó a los veintitantos años. Algo acerca de la iglesia la hacía ponerse ansiosa. Sentía que Dios estaba molesto o decepcionado con ella. Hace un año, decidió afrontar su temor y asistir a tu iglesia. Aunque ha estado participando regularmente en la comunidad de la iglesia, se muestra renuente a entregarle totalmente su vida a Cristo, porque está segura de que fallará y defraudará a Dios a la larga.

Usando las aplicaciones clave de esta sesión, ¿qué podrías decir o hacer para ayudar a Deidre? (Si es necesario, consulta tus notas del vídeo para recordar las aplicaciones clave de esta sesión.)

ORACIÓN FINAL

Concluyan el tiempo juntos con oración. Compartan sus peticiones de oración unos con otros. Pídele a Dios que los ayude a poner en práctica la idea clave de esta semana.

DIARIO

Si tu iglesia está realizando la campaña *Creer* a nivel general, lleva contigo esta guía de estudio a la iglesia y utiliza el siguiente espacio para tomar notas sobre el mensaje del pastor o el maestro. Si tu iglesia proporciona un bosquejo, piensa en guardarlo con esta guía para así tener todas tus notas y pensamientos del diario *Creer* en un solo lugar.

RESPUESTAS DE LAS NOTAS DEL VÍDEO

importante / verdad / confiable / nombre / inspira / exitosos / no

Amabilidad

Estudio personal

La semana pasada examinaste la práctica de la fidelidad. Quizá fuiste desafiado a edificar una reputación confiable en cuanto a ti mismo. Esta semana antes de la reunión de tu grupo, lee *Creer, sesión 29: Amabilidad*. Luego, pasa algún tiempo permitiendo que las Escrituras penetren en tu mente mientras evalúas tus relaciones con las personas que están fuera de la fe.

LECTURA

Lee Creer, sesión 29: Amabilidad *y responde las siguientes preguntas.*

1. Considera el versículo clave de esta sesión. ¿Por qué piensas que Pablo puso estas dos oraciones juntas?

2. Algunos piensas que Jesús le preguntó tres veces a Pedro si lo amaba para ayudarlo a rectificar las tres veces que lo negó. ¿Consideras que esta era la intención de Jesús? ¿Piensas que eso te hubiera ayudado si estuvieras en el lugar de Pedro?

3. Mientras lees los consejos de Jesús en cuanto a la amabilidad, identifica el que más influye en ti. ¿Por qué escogiste ese?

4. Reflexiona de nuevo en Efesios 4.26–28. ¿Cómo le damos lugar al diablo en nuestra vida si dejamos que el sol se ponga estando aún enojados?

5. Mientras lees las tres historias de 1 Samuel 25, 2 Samuel 16 y 1 Tesalonicenses 2, busca las formas en que el enojo se aviva y cómo la amabilidad influye en las situaciones tensas.

EVALUACIÓN

Basándote en tu lectura de Creer, *sesión 29: Amabilidad, evalúa tu nivel de confianza en las afirmaciones siguientes utilizando una escala de 1–6 (1 = nada de confianza, 6 = certeza completa).*

_____ Considero mis propios errores cuando me enfrento a los fracasos de otros.

_____ Soy conocido como una persona que es sensible a las necesidades de los demás.

_____ Soy conocido por no levantar la voz.

_____ Permito que las personas cometan errores.

PASO DE ACCIÓN

Memorizar las Escrituras es una valiosa disciplina que todos los creyentes deben ejercitar. Dedica unos minutos cada día a aprender de memoria el versículo clave de esta semana.

VERSÍCULO CLAVE: «Que su amabilidad sea evidente a todos. El Señor está cerca» (Filipenses 4.5).

Recita la idea clave de esta semana en voz alta. Mientras lo haces, formúlate la pregunta: «¿Refleja mi vida esta afirmación?».

IDEA CLAVE: Soy amable, considerado y apacible en mis tratos con los demás.

Responde las siguientes preguntas para que te ayuden a aplicar la idea clave de esta semana a tu propia vida.

1. ¿Cómo podría expresarse esta virtud de forma práctica en tu vida?

2. ¿Qué atributos visibles pueden encontrarse en alguien que es constantemente amable?

3. ¿Qué está impidiendo tu habilidad para tratar a las personas amablemente? ¿Cómo puedes vencer ese obstáculo?

4. ¿Qué paso de acción puedes dar esta semana para llegar a ser una persona más amable?

Reunión de grupo

¡Bienvenida!

Bienvenido a la Sesión 29 de *Creer*. Si hay miembros nuevos en el grupo, dediquen un momento a presentarse los unos a los otros. Luego pasen algunos minutos compartiendo opiniones o preguntas acerca del estudio personal de esta sesión. ¡Ahora comienza el vídeo!

NOTAS DE LA ENSEÑANZA DEL VÍDEO

A medida que ves el segmento en vídeo para la Sesión 29, usa el siguiente bosquejo a fin de anotar algunos de los puntos principales. (Las respuestas se encuentran al final de la sesión.)

- Idea clave: Soy amable, considerado y apacible en mis _____ con los demás.

- Versículo clave: «Que su _____ sea evidente a todos. El Señor está cerca» (Filipenses 4.5).

- Pregunta clave: ¿Cómo _____ calma y consideración hacia los demás?

- Proverbios 15.1: «La respuesta _____ calma el enojo, pero la agresiva echa leña al fuego».

- (Aplicación clave) Sé _____.

- (Aplicación clave) Sé _____.

- (Aplicación clave) Sé_____.

PARA COMENZAR

Comienza tu discusión recitando el versículo clave y la idea clave juntos como grupo. En tu primer intento, usa tus notas si necesitas ayuda. En tu segundo intento, trata de decirlos completamente de memoria.

VERSÍCULO CLAVE: «Que su amabilidad sea evidente a todos. El Señor está cerca» (Filipenses 4.5).

IDEA CLAVE: Soy amable, considerado y apacible en mis tratos con los demás.

DISCUSIÓN DE GRUPO

Como grupo, hablen de sus pensamientos y sentimientos acerca de las siguientes declaraciones. ¿Qué afirmaciones son fáciles de enunciar con certeza? ¿Cuáles son más desafiantes y por qué?

- Considero mis propios errores cuando me enfrento a los fracasos de otros.
- Soy conocido como una persona que es sensible a las necesidades de los demás.
- Soy conocido por no levantar la voz.
- Permito que las personas cometan errores.

Basándote en la dinámica de tu grupo y su madurez espiritual, elige las 2–3 preguntas que conducirán a la mejor discusión acerca de la idea clave de esta semana.

1. ¿Por qué piensas que la virtud piadosa más desafiante de entender para los creyentes es la amabilidad?

2. Piensa en alguien en tu vida que tenga la habilidad para ser calmado y tranquilo en los momentos llenos de estrés. ¿Cómo se las arregló para desarrollar esta virtud?

3. ¿Hay ciertas circunstancias en tu vida que hacen que la conducta amable sea casi imposible? ¿Cómo podría una relación con Dios capacitarte para modificar tu reacción ante esa situación?

4. ¿De qué maneras puede la vida de Jesús ser un ejemplo a seguir de amabilidad para nosotros cuando afrontamos nuestras propias dificultades?

Lee Mateo 7.1–5, 1 Timoteo 3.1–4 y Santiago 3.17–18 (ver la sección «Perlas sobre la amabilidad» en Creer) *y escoge 1–2 preguntas que conducirán a la mejor discusión en tu grupo.*

1. ¿Cómo el hecho de emitir juicios disminuye nuestra habilidad para ser calmados, considerados y amables?

2. ¿Por qué crees que la Biblia les enseña específicamente a las figuras de autoridad que deben ser amables con las personas que están bajo su cuidado?

3. Si el juicio conduce al enojo y las peleas, ¿qué alienta la amabilidad?

CASO DE ESTUDIO

Usa el siguiente caso de estudio como modelo para una situación de la vida real en la que pudieras poner en práctica la idea clave de esta semana.

Sam ha invertido incalculables cantidades de tiempo y dinero en le educación de su hijo menor, Carlos. Los resultados han sido desalentadores. Carlos ha suspendido dos veces en la universidad. Sam ha utilizado sus contactos familiares y de negocios para ayudar a Carlos a encontrar buenos empleos, pero la ética del trabajo de Carlos está dañada. Por consiguiente, perdió cada empleo que Sam consiguió para él. Como creyente, Sam quiere hacer lo correcto, pero apenas puede refrenar la ira que siente hacia su hijo.

Usando las aplicaciones clave de esta sesión, ¿qué podrías decir o hacer para ayudar a Sam? (Si es necesario, consulta tus notas del vídeo para recordar las aplicaciones clave de esta sesión.)

ORACIÓN FINAL

Concluyan el tiempo juntos con oración. Compartan sus peticiones de oración unos con otros. Pídele a Dios que los ayude a poner en práctica la idea clave de esta semana.

DIARIO

Si tu iglesia está realizando la campaña *Creer* a nivel general, lleva contigo esta guía de estudio a la iglesia y utiliza el siguiente espacio para tomar notas sobre el mensaje del pastor o el maestro. Si tu iglesia proporciona un bosquejo, piensa en guardarlo con esta guía para así tener todas tus notas y pensamientos del diario *Creer* en un solo lugar.

RESPUESTAS DE LAS NOTAS DEL VÍDEO

tratos / amabilidad / demuestro / amable / cortés / considerado / calmado

Humildad

Estudio personal

La semana pasada examinaste la virtud de la amabilidad. Quizá fuiste desafiado a ser más calmado, apacible y considerado en las situaciones difíciles. Esta semana antes de la reunión de tu grupo, lee *Creer, sesión 30: Humildad*. Luego, dedica algún tiempo a permitir que las Escrituras penetren en tu mente y abran tu corazón a las lecciones que Dios quiere enseñarte.

LECTURA

Lee Creer, sesión 30: Humildad *y responde las siguientes preguntas.*

1. Jesús modeló un liderazgo basado en el servicio mientras estuvo en la tierra. ¿De qué otras formas podemos demostrar este principio además de lavando los pies de una persona?

2. ¿A qué piensas que se hace referencia cuando se afirma que Jesús «se rebajó voluntariamente»? ¿Quién era él antes de que se rebajara a sí mismo? ¿Por qué hizo eso?

3. Mientras lees pasajes de Salmos y Proverbios, anota todas las formas en que Dios se opone a los orgullosos y da gracia a los humildes.

4. Mientras lees el pasaje de Mateo 5, identifica todas las paradojas de Dios (tales como regocijarse cuando somos perseguidos). ¿Has experimentado la verdad de alguna de estas paradojas en tu propia vida?

5. Miqueas nos dice que Dios espera que practiquemos la justicia, amemos la misericordia y nos humillemos ante él. ¿Cómo se relacionan estas acciones?

EVALUACIÓN

Basándote en tu lectura de Creer, *sesión 30: Humildad, evalúa tu nivel de confianza en las afirmaciones siguientes utilizando una escala de 1–6 (1 = nada de confianza, 6 = certeza completa).*

_____ Como hijo de Dios, no pienso de manera exagerada o degradante de mí mismo.

_____ No soy conocido como una persona que presume.

_____ Estoy dispuesto a dar a conocer cualquiera de mis faltas a los cristianos que se interesan por mí.

_____ No me molesto cuando mis logros no son reconocidos.

PASO DE ACCIÓN

Memorizar las Escrituras es una valiosa disciplina que todos los creyentes deben ejercitar. Dedica unos minutos cada día a aprender de memoria el versículo clave de esta semana.

VERSÍCULO CLAVE: «No hagan nada por egoísmo o vanidad; más bien, con humildad consideren a los demás como superiores a ustedes mismos. Cada uno debe velar no sólo por sus propios intereses sino también por los intereses de los demás» (Filipenses 2.3-4).

Recita la idea clave de esta semana en voz alta. Mientras lo haces, formúlate la pregunta: «¿Refleja mi vida esta afirmación?».

IDEA CLAVE: Decido estimar a otros más que a mí mismo.

Responde las siguientes preguntas para que te ayuden a aplicar la idea clave de esta semana a tu propia vida.

1. ¿Cómo podría expresarse esta virtud en tu vida?

2. ¿Qué atributos visibles pueden encontrarse en alguien que estima a otros más que a sí mismo?

3. ¿Qué está impidiendo tu habilidad para valorar a los demás por encima de ti mismo? ¿Cómo puedes vencer ese obstáculo?

4. ¿Qué paso de acción puedes dar esta semana para rechazar el orgullo y crecer en humildad?

Reunión de grupo

¡Bienvenida!

Bienvenido a la Sesión 30 de *Creer*. Si hay miembros nuevos en el grupo, dediquen un momento a presentarse los unos a los otros. Luego pasen algunos minutos compartiendo opiniones o preguntas acerca del estudio personal de esta sesión. ¡Ahora comienza el vídeo!

NOTAS DE LA ENSEÑANZA DEL VÍDEO

A medida que ves el segmento en vídeo para la Sesión 30, usa el siguiente bosquejo a fin de anotar algunos de los puntos principales. (Las respuestas se encuentran al final de la sesión.)

- Idea clave: Decido _____ a otros más que a mí mismo.

- Versículo clave: «No hagan nada por _____ o vanidad; más bien, con humildad consideren a los demás como superiores a ustedes mismos. Cada uno debe velar no sólo por sus propios intereses sino también por los intereses de los demás» (Filipenses 2.3-4).

- Pregunta clave: ¿Qué significa _____ a otros antes que a mí mismo?

- Qué mejor persona para enseñarnos sobre humildad que la persona a la que apasionadamente buscamos parecernos: _____ mismo.

- Juan 13.6–9: «—¡No! —protestó Pedro—. ¡Jamás me _____ los pies!

- —Si no te los lavo, no tendrás parte conmigo.

- —Entonces, Señor, ¡no sólo los pies sino también las manos y la cabeza!».

- (Aplicación clave) _____ no es lo mismo que humildad.

- (Aplicación clave) La humildad como la de Cristo te _____ para edificar a otros.

PARA COMENZAR

Comienza tu discusión recitando el versículo clave y la idea clave juntos como grupo. En tu primer intento, usa tus notas si necesitas ayuda. En tu segundo intento, trata de decirlos completamente de memoria.

VERSÍCULO CLAVE: «No hagan nada por egoísmo o vanidad; más bien, con humildad consideren a los demás como superiores a ustedes mismos. Cada uno debe velar no sólo por sus propios intereses sino también por los intereses de los demás» (Filipenses 2.3-4).

IDEA CLAVE: Decido estimar a otros más que a mí mismo.

DISCUSIÓN DE GRUPO

Como grupo, hablen de sus pensamientos y sentimientos acerca de las siguientes declaraciones. ¿Qué afirmaciones son fáciles de enunciar con certeza? ¿Cuáles son más desafiantes y por qué?

- Como hijo de Dios, no pienso de manera exagerada o degradante de mí mismo.
- No soy conocido como una persona que presume.
- Estoy dispuesto a dar a conocer cualquiera de mis faltas a los cristianos que se interesan por mí.
- No me molesto cuando mis logros no son reconocidos.

Basándote en la dinámica de tu grupo y su madurez espiritual, elige las 2–3 preguntas que conducirán a la mejor discusión acerca de la idea clave de esta semana.

1. ¿De qué maneras están relacionadas la virtud de la humildad y nuestra identidad en Cristo?

2. ¿Cómo les enseñó Jesús a sus discípulos la virtud de la humildad?

3. ¿Cuáles crees que son los mayores adversarios de la humildad? ¿Cómo podemos combatirlos?

4. ¿Qué prácticas espirituales nos ayudan a estimar a los demás por encima de nosotros mismos?

Lee Mateo 5.1–12, Lucas 9.46–48 y Marcos 10.35–45 (ver la sección «La paradoja de la humildad» en Creer) _y escoge 1–2 preguntas que conducirán a la mejor discusión en tu grupo._

1. ¿Cuál es la diferencia entre los que Jesús llama «benditos» y los que el mundo considera «exitosos»?

2. Jesús dijo que en el reino de Dios los últimos serán los primeros y los primeros serán los últimos. ¿Qué significa eso para las personas que desean posiciones de poder e influencia en la comunidad de la fe?

3. ¿De qué maneras nos aparta la humildad semejante a la de Cristo del resto del mundo?

CASO DE ESTUDIO

Usa el siguiente caso de estudio como modelo para una situación de la vida real en la que pudieras poner en práctica la idea clave de esta semana.

Luis ha sentido siempre la necesidad de demostrarle a su familia lo que él vale. Siendo el menor de cinco hermanos, ha vivido constantemente en las sombras. Él fue el único de los hijos que no sobresalió en los deportes o llegó a la lista de honor en la universidad. Cuando sus otros hermanos iban a la universidad, él cambiaba de un empleo de principiante a otro. Sin embargo, desde entonces ha tenido cierto éxito en un pequeño negocio que comenzó. En las reuniones familiares, Luis presume continuamente del éxito de su negocio, lo cual está causando tensión, porque algunos de los otros hermanos se encuentran pasando por momentos difíciles.

Usando las aplicaciones clave de esta sesión, ¿qué podrías decir o hacer para ayudar a Luis? (Si es necesario, consulta tus notas del vídeo para recordar las aplicaciones clave de esta sesión.)

ORACIÓN FINAL

Concluyan el tiempo juntos con oración. Compartan sus peticiones de oración unos con otros. Pídele a Dios que los ayude a poner en práctica la idea clave de esta semana.

DIARIO

Si tu iglesia está realizando la campaña *Creer* a nivel general, lleva contigo esta guía de estudio a la iglesia y utiliza el siguiente espacio para tomar notas sobre el mensaje del pastor o el maestro. Si tu iglesia proporciona un bosquejo, piensa en guardarlo con esta guía para así tener todas tus notas y pensamientos del diario *Creer* en un solo lugar.

RESPUESTAS DE LAS NOTAS DEL VÍDEO

estimar / egoísmo / valorar / Jesús / lavarás / Humillación / libera